大学生职业生涯规划理论与实践探索

赵佳佳 著

延边大学出版社

图书在版编目（CIP）数据

大学生职业生涯规划理论与实践探索 / 赵佳佳著. -- 延吉：延边大学出版社，2022.9
ISBN 978-7-230-03819-5

Ⅰ.①大… Ⅱ.①赵… Ⅲ.①大学生－职业选择－研究 Ⅳ.①G647.38

中国版本图书馆 CIP 数据核字(2022)第 167916 号

大学生职业生涯规划理论与实践探索

著　　者：赵佳佳
责任编辑：李　磊
封面设计：李金艳
出版发行：北京人文在线文化艺术有限公司
社　　址：吉林省延吉市公园路 977 号　　邮　编：133002
网　　址：http://www.ydcbs.com　　E-mail：ydcbs@ydcbs.com
电　　话：0433-2732435　　传　真：0433-2732434
印　　刷：三河市龙大印装有限公司
开　　本：710×1000　1/16
印　　张：13
字　　数：200 千字
版　　次：2023 年 1 月第 1 版
印　　次：2023 年 1 月第 1 次印刷
书　　号：ISBN 978-7-230-03819-5

定价：68.00 元

前　　言

职业生涯规划能够帮助个人确定职业发展的目标和方向，促进个人努力工作，有助于个人抓住工作重点。每一个教育工作者都有责任与义务帮助大学生树立正确的择业观，合理规划学业、职业乃至生活。职业生涯规划的过程就是在实践中帮助大学生了解自己，了解社会，了解工作世界，播种理想，收获希望，将自己与未来连接起来。

本书结合当前我国大学生职业生涯规划发展需求，在参阅大量同类教材和总结多年"职业生涯规划"课教学经验的基础上编写而成，旨在引导大学生树立职业生涯发展意识，正确认识自我及工作，合理制定职业生涯目标，促使大学生全面提升个人综合素质，进而为社会主义现代化建设培养有用人才。

本书在编写过程中，搜集、查阅和整理了大量文献资料，在此对学界前辈、同人和所有为此书编写工作提供帮助的人员致以衷心的感谢。由于编者能力有限，书中难免有错漏之处，还请广大读者不吝指教。

赵佳佳
2022 年 5 月

目 录

第一章 职业生涯规划相关理论 ... 1

第一节 职业生涯规划的概念 ... 1

第二节 职业生涯规划的基本理论 ... 5

第二章 自我认知探索 ... 22

第一节 自我认知概述 ... 22

第二节 兴趣探索 ... 27

第三节 性格探索 ... 34

第四节 能力探索 ... 39

第五节 职业价值观探索 ... 46

第三章 职业认知探索 ... 52

第一节 职业概述 ... 52

第二节 职业的分类 ... 63

第三节 专业学习与职业发展 ... 70

第四章 大学生职业生涯决策 ... 89

第一节 职业生涯决策概述 ... 89

第二节 职业生涯决策理论 ... 96

  第三节 职业生涯决策方法与步骤 100

第五章 大学生职业生涯规划与管理 112

  第一节 职业意识的发展 112

  第二节 职业生涯管理的措施 124

  第三节 职业生涯目标的实现 128

第六章 大学生职业生涯规划书 142

  第一节 职业生涯规划书的定义与作用 142

  第二节 职业生涯规划书的目的原则 144

  第三节 大学生职业生涯规划书的基本格式 147

  第四节 大学生职业生涯规划书的写作要求 152

  第五节 大学生职业生涯规划书的注意事项 154

  第六节 大学生职业生涯规划书的评估调整 157

第七章 大学生就业的影响因素分析 166

  第一节 大学毕业生供求的经济学分析 166

  第二节 社会资本对大学生就业质量的影响 172

  第三节 人力资本与大学生就业的专业特征 183

第八章 大学生就业权益意识培育现状及对策 192

  第一节 大学生就业权益意识培育存在的问题 192

  第二节 大学生就业权益意识培育存在问题的解决对策 195

参考文献 202

第一章　职业生涯规划相关理论

第一节　职业生涯规划的概念

一、职业生涯概述

在人的一生中,每个人都要扮演多重角色,其中工作者的角色占据的时间最多,人们也要对此花费更多的心血。下面我们介绍一下与职业生涯相关的几个基本概念。

(一)职业

职业是性质相近的工作的总称,通常指个人服务社会并作为主要生活来源的工作。它是一个人普遍的社会身份和权利义务的表现。职业是一种经济性的工作,也就是通过这种方式可以让人获得收益;职业具有技术性,人们可以通过职业充分发挥自己的才华和特长;职业也具有社会性,也就是担负起了社会生产工作,使人们完成了自己身为公民的责任;职业还具有促进性,提供为人所需、为人所用的社会服务;职业是一种持续的、不间断的、相对固定的工作。

（二）生涯

从字面意思看，"生"原意"活着"，"涯"有"边际"的意思，连在一起有一生的意思。这里取《现代汉语词典》（第7版）对生涯的定义：指从事某种活动或职业的生活。西方学者所接受的理论为舒伯（Donald E. Super）的论点：生涯是生活里各种事态的演进方向和历程，它统合人一生中的各种职业和生活角色，由此表现出个人独特的自我发展形态。生涯是人生从青春期到退休后，一连串有酬或者无酬职位的综合。除职业外，还包括任何与工作无关的角色，如学生、退休者等。

生涯的特点：①不静止，动态历程；②伴随人的一生，终生性；③受遗传、家庭、经历、社会环境等因素的影响；④个性化的发展。

（三）职业生涯

简单地说，职业生涯是以满足需求为目标的工作经历，包括工作内容的确定和变化，工作业绩的评价，工作待遇、职称、职务的变动，等等。

一般来说，职业生涯占了人生约二分之一的时间，而这段时间是人一生中精力最旺盛、创造力最强的一段时间，因此我们应该科学有效地规划、利用好这段时间。职业生涯能够满足人们生活来源的需求、归属和爱的需求、自我尊重的需求、来自他人尊重的需求、自我实现的需求。由此可见，职业生涯不仅是我们的谋生手段，更是我们满足高层次需求的重要途径，只有在完整的职业生涯中，我们才能充分地发挥潜力，实现人生最大价值。

（四）职业生涯规划

职业生涯规划，是对个体职业生涯的主、客观条件进行分析、判断和总结，研究一个人的兴趣爱好和能力特点，进行全面的分析和衡量，并结合时代特征，依据个人的职业倾向，制定出最佳的生涯奋斗方向，并作出合理有效的计划，以达到这个目的。职业定位、目标设定和渠道设计三大部分组成了一个整体的职业计划。

根据定义，职业生涯规划首先要对个人特点进行分析，再对所在组织环境和社会环境进行分析，最后根据分析结果制定一个人的事业奋斗目标，选择实现这一事业目标的职业，编制相应的工作、教育和培训的行动计划，并对每一步骤的时间、顺序和方向做出合理的安排。

二、职业生涯规划的意义

许多大学生在进入职场之前，不能客观、全面地看待自己，对自己未来的生涯很少做出系统、全面的分析，没有认真地思考一些最基本又最重要的问题：我想做什么？我会做什么？环境允许或支持我做什么？我的优势是什么？不足是什么？我有没有职业与生活的规划？实际上，很多大学生对这些问题的回答都显得模糊不清，他们不能正确、客观地评价自己，分析自己的职业兴趣、职业能力、性格气质等。因此，在求职的过程中，他们经常碰壁，即使找到工作，也可能发现这份工作根本就不适合自己，不久还得重新求职。从学生到职场人的身份转换是学生职业生涯的开始。因此，做好职业生涯规划就显得尤为必要。

（一）职业生涯规划能够帮助个人确定职业发展的目标和方向

职业生涯规划可以帮助个人进行自我分析，从而认识自己，了解自己的特点和兴趣，评估自己的能力、优势和不足。个人在对职业生涯进行设计和规划的过程中，通过对客观环境的分析，可以明确职业发展的方向，正确选择职业目标，并运用适当的方法，采取有效的措施，克服职业生涯发展中的困难和障碍，使自己的才能得到充分发挥，从而获得事业上的成功，实现人生的理想。随着社会的快速发展，社会为大学生施展才华提供了更为广阔的舞台，大学生追求事业成功的愿望更为迫切。然而机遇和挑战并存，面对社会的发展、竞争的残酷，那些毫无准备的人将会感到茫然无措、惶恐不安，产生巨大的心理压力。因此，大学生只有在大学期间全面剖析自己，认真做好职业生涯规划，科学地确立自己的职业发展目标，选择职业发展方向，并不断开发自己的潜能，才能正确掌握自己人生的航向，驶向人生成功的彼岸。

（二）职业生涯规划能够促进个人努力工作

任何工作都必须经过个人的艰苦努力方能获得成功。因此，职业生涯规划一方面让学生明确了努力的方向，另一方面也成为不断督促学生努力工作的驱动力。这些规划内容的逐步实现，增强了学生对目标的成就感，也进一步促使学生向新的目标前进。

（三）职业生涯规划有助于个人抓住工作重点

制定职业生涯规划的一个最重要作用就是有助于人们合理地安排日常工作，评价工作的轻重缓急。职业生涯规划能够使人们紧紧抓住工作重点，增强成功的可能性。任何事情、任何项目都有其工作的重点，如果不能把握重点，按轻重缓急进行排序，其结果难以成功。正如一个有目标意识的人和一个无目标意识的人同时观察同一件事，其注意点和注意的角度是完全不同的，结果也是迥异的。一个人要想成就一番事业，必须树立明确的目标，抓住重点，有意识地为工作重点下最大的功夫，为工作的需要创造最有利的条件，从而取得成功。

第二节 职业生涯规划的基本理论

职业生涯规划相关理论起源于 20 世纪初的西方国家，是社会为适应经济发展、职业分化、技术进步，以及解决经济周期波动后的失业问题带来的一系列社会矛盾做出努力的产物。通过众多社会学家、心理学家和职业指导专家近百年的潜心研究与不断发展，先后产生多种重要的理论。著名的帕森斯（Frank Parsons）的特质因素理论和霍兰德（John Holland）的人格类型理论是最早的职业辅导理论，金斯伯格（Eli Ginzberg）、格林豪斯（Jefrfey H. Greenhuoes）和舒伯的职业生涯发展理论、职业锚理论也从不同角度解析了职业规划的体系，给出了职业规划的方法。

一、职业选择理论

（一）帕森斯的特质因素理论

特质因素理论是最早的职业辅导理论。1909 年，被誉为"职业辅导之父"的帕森斯教授在其著作《选择一个职业》中指出，选择职业时，首先必须了解个人能力、态度、兴趣、局限等；其次，要了解各行各业达到成功的条件、优缺点、酬劳、机会以及未来展望等；最后，要以个人和职业的互相配合作为职业选择的最终目标。

特质因素理论指出，每个人都具有稳定的特质，包括个人的价值取向、态度和行为表现等特有的思想和行为模式；同时职业也具有稳定的因素，客观工作要求人必须具备一定的知识结构、能力等条件。帕森斯的"职业指导的三大原则"强调：在选择职业的过程中，首先必须对自我有清醒的认知，认识个人所具有的主、客观条件，如价值观、兴趣、能力倾向、资源、局限及其他特征；除此之外，还应当清楚了解各职业岗位取得成功所需具备的条件和资格、技能要求、工作环境、发展前景等；在了解并掌握以上两类信息的基础上，将具有的主、客观条件与职业所需技能相对照，从而选择与自己相匹配的职业。

特质因素理论重在强调个人所具有的特性与职业所需的素质与技能之间的协调和匹配，根据此理论可把职业选择分为以下三个步骤。

首先，对求职者进行初步的分析，评价个体的生理和心理特征。其次，分析职业对人的要求，并向求职者提供有关的职业信息。最后，是人职匹配。人职匹配又可分为因素匹配和特性匹配，因素匹配是指有专门技术和专业知识的职业与掌握该种技能和专业知识的择业者相匹配；而特性匹配是指具有不同人格特征的人适合从事不同类型的职业。个人在了解自己的特点和职业要求的基础上，借助职业指导者的帮助，选择一项既适合自己特点又有可能得到并取得成功的职业。

一方面，帕森斯的特质因素理论建立在科学理性和逻辑推理上，在实际辅导中，借助心理测量工具的使用和解释，对咨询者进行指导，有较强的可操作性。职业决策中进行人职匹配的思想，注重职业因素的重要性，强调个人必须对职业有正确的态度与认识，才能进一步做出正确的职业选择，至今仍在正确、有效地推动着人才测评在职业选拔与指导中的运用和发展。该理论是职业指导最基本的理论，对当今许多职业指导工作仍具有重要的指导意义。

但另一方面，将个人与工作进行匹配，是假定个人特质与工作特性是固定不变的。而事实上，这两者都是不断发展变化的，同时特定的社会因素对职业选择有一定程度的影响和制约。因此，个人的态度以及对突发事件的处理能力不能通过静态的测量反映出来。另外，注重心理测试工具的使用，但这也存在一定的误差，因为心理测试工具不可能保证绝对的效度。此外，它过于理性地强调适配，忽略了个人情感在决策中的影响作用。

（二）霍兰德的人格类型理论

霍兰德的人格类型理论提出了一个重要的职业辅导理念，即把个人特质与适合这种特质的工作联系起来。其职业辅导更倾向于对自我能力、兴趣、价值以及工作世界的探索。相比于帕森斯的特质因素理论，霍兰德注重提供和个人兴趣相近而内容互有关联的一群职业，而不是仅仅冒险地去建议个人选择一种特殊的职业或工作。霍兰德巧妙地拉近了个人与工作世界的距离，使得当事人能迅速且有所依据地在一个特定的职业群里进行探索。霍兰德认为，大多数人可以归纳为六种人格类型，即现实型、研究型、艺术型、社会型、企业型、常规型。工作环境也可以划分为相应的六种基本类型，即同一职业团体内的人有相似的人格，因此他们对很多情境与问题会有相似的反应方式，从而产生类似的人际环境。人们一般都倾向于与其个性类型相一致的职业类型，以求充分施展个人的技术与能力，体现个人价值，个人的行为由人格与环境的交互作用决定。

二、职业生涯发展理论

（一）金斯伯格的职业生涯发展理论

美国著名职业指导专家金斯伯格，对青少年职业选择的过程与问题做了深入的研究，提出了职业发展的幻想阶段、尝试阶段、现实阶段三个发展阶段，认为职业在个人生活中是一个连续的、长期的发展过程。

（1）幻想阶段：处于11岁之前的儿童时期。儿童对大千世界，特别是对他们所看到或接触到的各类职业工作者，充满了新奇、好玩的感觉。这个时期职业需求的特点是：单纯凭自己的兴趣爱好，不考虑自身的条件、能力水平和社会需要与机遇，完全处于幻想之中。

（2）尝试阶段：11～17岁，这是由少年儿童向青年过渡的时期。从此时起，人们的生理和心理在迅速成长、发育和变化，有独立的意识，价值观念开始形成，知识和能力显著增长和增强，初步了解社会生活。在职业需求上呈现出的特点是：有职业兴趣，并能客观地审视自身各方面的条件和能力；开始注意职业角色的社会地位、社会意义以及社会对该职业的需要。但此时，由于长期处于学校学习，对社会、职业的理解还不全面，对职业主要考虑的还是个人的兴趣，具有理想主义色彩。

（3）现实阶段：17岁以后的青年阶段。即将步入社会劳动，能够客观地把自己的职业愿望或要求同自己的主观条件、能力以及社会现实的职业需要协调起来，寻找适合自己的职业角色。这个时期所希求的职业不再模糊不清，已经有具体的、现实的职业目标，表现出的最大特点是客观性、现实性。

金斯伯格把职业生涯的尝试阶段和现实阶段又分成若干个子阶段。

尝试阶段分为以下几个子阶段。

（1）兴趣子阶段：开始注意并培养自己对某些职业的兴趣，期盼着将来从事某些职业。

（2）能力子阶段：不仅仅考虑个人的兴趣，同时也注意到个人能力与职业的关系，注重衡量自己的能力，并积极参加各种相关的职业活动，以检验自己的能力。

（3）价值观子阶段：个人的职业价值观逐步形成，能兼顾个人与社会的需要，以职业的价值性选择职业。

（4）综合子阶段：将上述三个阶段的职业相关资料综合考虑，以正确判定未来的职业生涯发展方向。

现实阶段分为以下几个子阶段。

（1）试探子阶段：根据尝试期的结果，进行各种试探活动，试探各种职业机会和进一步的选择。

（2）具体化子阶段：根据试探阶段的经历，做进一步的选择，将职业目标具体化。

（3）专业化子阶段：依据自我选择的目标，做具体的就业准备。

金斯伯格的职业生涯发展理论主要研究的是个人进入职业前的一段时期的职业观的变化及进入职业前的职业选择问题，对进入职业角色后如何调整与发展职业生涯研究得不够。

（二）格林豪斯的职业生涯发展理论

美国心理学博士格林豪斯的研究侧重不同年龄段职业生涯所面临的主要任务，并以此为依据将职业生涯划分为五个阶段：职业准备阶段、进入组织阶段、职业生涯初期、职业生涯中期和职业生涯后期。

1. 职业准备阶段

典型年龄段为 0~18 岁。主要任务是发展职业想象力，对职业进行评估和选择，接受必需的职业教育。

2. 进入组织阶段

18~25 岁为进入组织阶段。主要任务是在一个理想的组织中获得一份工作，在获取足量信息的基础上，尽量选择一种合适的、较为满意的职业。

3. 职业生涯初期

处于此期的典型年龄段为 25~40 岁。主要任务是学习职业技术，提高工作能力；了解和学习组织纪律和规范，逐步适应职业工作，适应和融入组织；为未来的职业成功做好准备。

4. 职业生涯中期

40~55 岁是职业生涯中期。主要任务是对早期职业生涯重新进行评估，强化或改变自己的职业理想；选定职业，努力工作，有所成就。

5. 职业生涯后期

从 55 岁直至退休是职业生涯后期。主要任务是继续保持已有职业成就，维护尊严，准备离退。

（三）舒伯的生涯发展理论

舒伯把职业生涯的发展看成一个持续渐进的过程，伴随个人的一生。其主要理论观点如下：

1. "自我"概念的提出

"自我"概念是舒伯理论中的核心概念。它是指个人对自己的兴趣、能力、价值观及人格特征等方面的认识和主观评价。工作与生活是否满意，就在于个人能否在工作和生活中找到展现自我的机会。用舒伯的话说，职业生涯就是对自我的实现。

2. 舒伯的生涯发展五阶段理论

舒伯于1953年提出"生涯"的概念，他认为生涯发展即自我实现的过程，可以划分为五个阶段：成长阶段、探索阶段、确立阶段、维持阶段和衰退阶段。每个阶段都有其独特的职责和角色以及不同的发展任务。他提出生涯发展的"成长－探索－确立－维持－衰退"循环式发展任务，认为每个人都有可能在人生的不同时间点上再次经历这些阶段或者部分阶段，一旦一个人进入了新的发展阶段，需要重新经历这五个历程，如表1-1所示。

表1-1 生涯发展过程表

阶段	年龄		主要任务
成长阶段	出生～14岁		认同并建立起"自我"概念，对职业的好奇占主导地位，并逐步有意识地培养职业能力
	次阶段	幻想期（4～10岁）	需求起决定性作用，角色扮演在此阶段很重要
		兴趣期（11～12岁）	以兴趣为中心，理解、评价职业，开始做职业选择
		能力期（13～14岁）	能力占的比重较大，也会考虑工作要求的条件
探索阶段	15～24岁		主要通过学校学习进行自我考查、角色鉴定和职业探索，完成择业及初步就业
探索阶段	次阶段	试探期（15～17岁）	综合认识和考虑自己的兴趣、能力，对未来职业进行尝试性选择
		过渡期（18～21岁）	正式进入职业，或者进行专门的职业培训，明确某种职业倾向
		尝试期（22～24岁）	已确定了一个似乎是较适当的领域，找到一份入门的工作，并尝试用它维持生活。此阶段所选择的工作范围较小，只选择可能提供重要机会的工作

续表

阶段	年龄		主要任务
确立阶段	25～44岁		找到一个合适的工作领域并谋求发展。通过尝试错误以确定前一阶段的职业选择与决定是否正确，若觉得决定正确，就会努力经营，打算在此领域久留
	次阶段	稳定期（25～30岁）	个人在所选的职业中安顿下来，重点是寻求职业及生活上的稳定
		发展期（31～44岁）	致力于实现职业目标，是富有创造性的时期
	中期危机阶段（44岁～退休前）		职业中期可能会发现自己偏离职业目标或发现了新的目标，此时需重新评价自己的需求，处于转折期
维持阶段	45～64岁		开发新的技能，维护已获得的成就和社会地位，维持家庭和工作两者之间的和谐关系，寻找接替人选
衰退阶段	65岁至死亡		体力与心理能力逐渐衰退时，工作活动将改变，亦必须发展出新的角色，先是变成选择性的参与者，然后成为完全的观察者
	次阶段	减速（65～70岁）	工作速度变慢，工作责任或性质也发生改变，以适应逐渐衰退的体力与心理。许多人也会找份代替全职的兼职工作
		退休（71岁至死亡）	有些人能很愉快地适应完全停止工作的境况；有些则适应困难、郁郁寡欢

3. 生涯彩虹图

1976年后，舒伯在英国进行了四年的跨文化研究，随后提出了新的生涯发展观，除了保持原有的发展阶段理论，重要的是加入了角色理论，根据生涯发展阶段与角色彼此间交互影响的状况，描绘出一个多重角色生涯发展的综合图形。这个生活广度、生活空间的生涯发展图形，舒伯将它命名为"生涯彩虹图"，如图1-1所示。

第一章 职业生涯规划相关理论

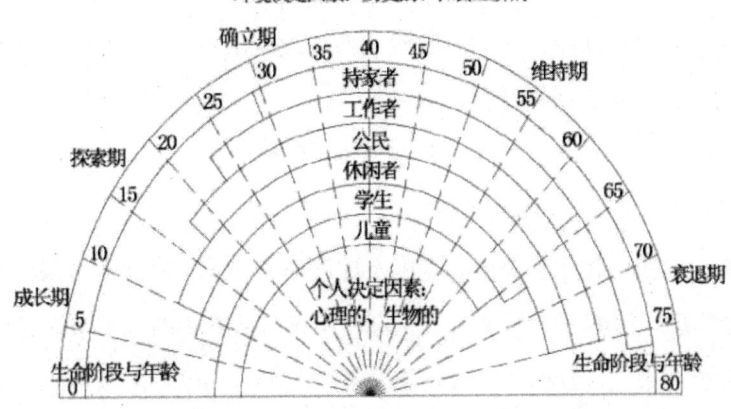

图 1-1 舒伯"生涯彩虹图"

（1）横贯一生的彩虹——生活广度

在图 1-1 中，横向层面代表的是横跨一生的生活广度。彩虹的外层显示人生主要的发展阶段和大致估算的年龄：成长期（约相当于儿童期），探索期（约相当于青春期），确立期（约相当于成人前期），维持期（约相当于中年期）以及衰退期（约相当于老年期）。在这五个主要的人生发展阶段内，各个阶段中还有小的阶段，舒伯特别强调各个时期年龄划分有相当大的弹性，应依据个体不同的情况而定。

（2）纵贯上下的彩虹——生活空间

在图 1-1 中，纵向层面代表的是纵贯上下的生活空间，是由一组职位和角色所组成。舒伯认为人在一生当中必须扮演六种主要的角色，依次是儿童、学生、休闲者、公民、工作者、持家者。各种角色之间是相互作用的，一个角色的成功，特别是早期的角色如果发展得比较好，将会为其他角色提供良好的基础。但是，如果在某个角色上投入过多的精力，没有平衡和协调各角色的关系，则会导致其他角色的失败。

在每一阶段对每个角色的投入程度可以用涂颜色来表示，颜色面积越大，

13

表示该角色投入的程度越高，空白越多说明该角色投入的程度越低。生涯彩虹图的作用主要是对自身未来的各阶段如何调配做出各种角色的计划和安排，使每个人成为自己的生涯设计师。

舒伯建构了一套完整的生涯发展理论，其理论观点至今仍然是生涯辅导重要的理论基础，指导了目前生涯辅导的具体实施。

生涯彩虹图中将生涯长度、宽度及深度作了立体、直观的呈现，但是仅仅从长度、宽度、深度三个维度来看生涯，还只是以静止的观点来诠释生涯的含义。对于个人来说，我们的生涯还在发展，还没有完结，所以不能只用静态分析来绘制我们生命的彩虹，还要考虑到所处环境的变化、计划性的和非计划性的事件的影响，因为每个人都是在变化的环境中成长起来的。

"生涯彩虹图"的提出，弥补了原有理论涵盖范围广但深度略显不足的缺点。在实际应用方面，其横向的发展阶段、发展任务和纵向的生涯角色的发展，交织成一个具体的生涯发展结构，这对辅导时促进个体的自我了解、自我实现，有很大裨益。

生涯发展理论的提出，促使动态发展性的"生涯"概念逐渐取代了静态稳定性的"职业"概念，以规划人生长期生涯发展为主线的"生涯辅导"取代了短期职业选择为重心的"职业指导"。

三、职业锚理论

（一）职业锚理论的产生及概念

1. 职业锚理论的产生

职业锚理论产生于在职业生涯规划领域具有"教父"级地位的美国麻省理

工学院斯隆管理学院施恩（E. H. Schein）教授领导的专门研究小组，是在对该学院毕业生的职业生涯研究中演绎成的。斯隆管理学院的44名MBA毕业生，自愿形成一个小组接受施恩教授长达12年的职业生涯研究，包括面谈、跟踪调查、公司调查、人才测评、问卷等多种方式，最终分析总结出了职业锚（又称职业定位）理论。

职业锚理论是职业生涯发展的重要内容，它从职业动机形成的角度分析人们从事终身职业的原因。人们有了较为丰富的工作经历之后，真正从事某种职业的原因是其进入成年期潜在需要的动机，也是将其作为自己终身职业归宿的主要原因。施恩认为，职业设计是一个持续不断的探索过程，经过长期的实践以后，人们对个人的需求与动机、能力、价值观等各方面有了真正的认识，寻找到了职业方面的"自我"与"匹配自我的职业"，这时个体就会越来越明显地形成一个占主要地位的职业锚。

2. 职业锚的概念

职业锚，实际就是人们选择和发展自己的职业时所围绕的中心，是指当一个人不得不做出选择的时候，他无论如何都不会放弃的职业中的那种至关重要的东西或价值观，即人们选择和发展自己的职业时所围绕的中心。职业锚在职业生涯过程中非常重要，它以人们的实际工作经历及他人的反馈为基础形成。即使面临非常困难的状况，职业锚在职业选择过程中也不会被放弃，因此它可以解释人们和公司间是如何以及为什么相互作用及影响的。这意味着人们不会放弃目前的工作而转换到一份不能满足职业锚需求的工作。

（二）职业锚的类型

1978年，施恩教授提出的职业锚理论包括五种类型：自主型、创业型、管理型、技术职能型、安全稳定型。在20世纪90年代，又发现了三种类型的职业锚：挑战型、生活型、服务型。

1. 自主型

自主型的人希望随心所欲安排自己的工作方式、工作习惯和生活方式，追求能施展个人能力的工作环境，最大限度地摆脱组织的限制和制约。他们即使放弃提升或工作扩展机会，也不愿意放弃自由与独立。

2. 创业型

创业型的人希望用自己的能力去创建属于自己的公司或研发完全属于自己的产品（或服务），而且愿意去冒风险，并克服面临的障碍。他们想向世界证明公司是他们靠自己的努力创建的。他们可能正在别人的公司工作，但同时他们在学习并评估将来的机会。一旦他们感觉时机到了，便会走出去创建自己的事业。

3. 管理型

管理型的人追求并致力于工作晋升，倾向于全面管理、独自负责一个部分，可以跨部门整合其他人的努力成果，并将公司的成功看成自己的职责。具体的技术/功能工作仅仅被他们看成通向更高、更全面管理层的必经之路。

4. 技术职能型

技术职能型的人，追求在技术职能领域的成长和技能的不断提高，以及应用这种技术职能的机会。他们对自己的认可来自他们的专业水平，他们喜欢面对来自专业领域的挑战。他们一般不喜欢从事普通的管理工作，因为这将意味着他们放弃在技术职能领域的成就。

5. 安全稳定型

安全稳定型的人追求工作中的安全与稳定感。他们可以预测将来的成功从而感到放松。他们关心财务安全，例如退休金和退休计划。稳定感包括诚信、忠诚以及完成领导布置的工作。尽管有时他们可以达到一个高的职位，但他们并不关心具体的职位和工作内容。

6．挑战型

挑战型的人喜欢解决看上去无法解决的问题，战胜强硬的对手，克服常人难以克服的困难等。对他们而言，参加工作或职业的原因是工作允许他们去战胜各种不可能。新奇、变化和战胜困难是他们的终极目标。

7．生活型

生活型的人喜欢允许他们平衡个人需要、家庭需要和职业需要的工作环境。他们希望将生活的各个主要方面整合为一个整体。正因为如此，他们需要一个能够提供足够的弹性让他们实现这一目标的职业环境。他们认为自己在如何去生活、在哪里居住以及如何处理家庭事务等方面与众不同。

8．服务型

服务型的人指那些一直追求他们认可的核心价值，例如帮助他人，改善人们的安全，通过新的产品消除疾病等的人。他们一直追寻这种机会，即使更换职业，他们也不会改变这种价值观。

持有不同职业锚的人士会选择不同的工作和生活，但并无优劣之分。只要在适宜的工作环境中，都能充分发挥自己的特长，创造出相应的生涯辉煌。

（三）职业锚的功能

职业锚在员工的工作生命周期及组织的事业发展过程中，发挥着重要的作用，表现为以下四点：

1．使组织获得正确的反馈

职业锚是员工经过搜索，所确定的长期职业贡献区或职业定位。这一搜索定位过程，依循着员工的需要、动机和价值观进行。所以，职业锚清楚地反映出员工的职业追求与抱负。

2. 为员工设置可行的职业渠道

职业锚准确地反映员工职业需要及其所追求的职业工作环境，反映员工的价值观和抱负。透过职业锚，组织获得员工正确信息的反馈。这样，组织才可能有针对性地对员工职业发展设置可行的、有效的、顺畅的职业渠道。

3. 增长员工工作经验

职业锚是员工职业工作的定位，不但能使员工在长期从事某项职业中增长工作经验，同时，员工职业技能也能不断增强，直接产生提高工作效率或劳动生产率的明显效益。

4. 为员工做好后期工作奠定基础

之所以说职业锚是中后期职业工作的基础，是因为职业锚是员工通过工作经验积累后产生的，它反映了员工的价值观和个人才干。员工自我认知的过程，就是把职业工作与自我相结合的过程，因此职业锚决定了员工成年期的主要生活和职业选择。

（四）职业锚的个人开发

1. "自我"概念的形成是个人开发的基础

职业锚是个人的动机、能力、需求以及价值观和态度等相互作用和整合的结果。在实际工作和生活中，通过不断地审视、认识自我，逐步明确个人的需求及价值观，明确个人今后发展的方向，最终找到适合自己的职业定位。有一定工作经验的人，明确自身职业锚是职业选择的最佳参考。而对于没有工作经验的人，因为其对各个行业的职位尚不了解，所以职业锚亦不清晰。

2. 职业锚理论对大学生职业生涯规划的启示

第一，职业生涯规划需要自我定位。自我分析及定位是职业生涯规划的首要环节，它决定着个人职业生涯规划的方向及成败。求职前需要先进行职业生涯规划，职业生涯规划前要明确自我定位：弄清楚自己想干什么、能干什么，自己的兴趣、爱好、学识适合干什么。通过自我分析，评估自己的职业倾向、能力倾向和职业价值观，这是进行职业生涯规划的基础和前提。

第二，职业生涯规划是一个动态变化的过程。当今社会处于激烈的变化过程中，大学生的就业观念要适时地发生改变，打破传统的"一业定终身"的理念，职业生涯规划也要根据各种变化来调整。

第三，职业生涯规划的重点是职业准备、职业选择以及职业适应。一般认为，职业生涯的阶段主要分为：职业准备期、职业选择期、职业适应期、职业稳定期和职业结束期。大学生职业生涯规划的重点在职业准备期、职业选择期及职业适应期三个阶段，大学生要对职业进行心理、技能、知识、物质等方面的充分准备，根据各方面的分析，结合自己的职业锚进行客观的职业选择。对进行的职业活动有一定的心理预期，包括工作性质、工作时间、劳动强度以及工作关系等。

当然，施恩教授也指出，"自我"概念中最重要的是"自我对自身才能的感知"。当我们真正有了职业经验、工作体验之后，才能准确、清晰地估测出自己的职业锚。

四、认知信息加工理论

（一）认知信息加工理论概述

认知信息加工理论认为，生涯发展就是看一个人如何做出生涯决策以及在生涯问题解决和生涯决策过程中如何使用信息。1991年，盖瑞·彼得森（Gary Peterson）、詹姆斯·桑普森（James Sampson）、罗伯特·里尔登（Robert Reardon）

合著了《生涯发展和服务：一种认知的方法》一书，阐述了这一认知信息加工的方法（简称 CIP）。

CIP 方法由八个假设组成：①生涯选择以如何思考和感受为基础；②进行生涯选择是一种问题解决活动；③作为生涯问题的解决者，我们的能力及我们了解什么、如何思考是基础；④生涯决策需要有良好的记忆；⑤生涯决策要求有动机；⑥持续进行的生涯发展是我们毕生学习和成长的一部分；⑦我们的生涯很大程度取决于我们思维的内容及方式；⑧我们生涯的质量取决于我们对生涯决策和生涯问题的了解程度。

（二）认知信息加工理论的核心

认知信息加工理论把生涯发展与咨询的过程视为学习信息加工能力的过程。理论的提出者按照信息加工的特性构成了一个信息加工金字塔，如图 1-2 所示。

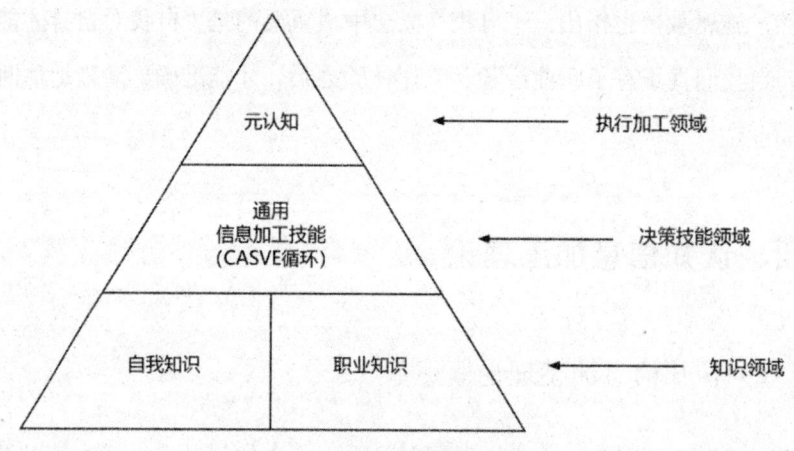

图 1-2 信息加工金字塔模型

从图 1-2 可以看出，位于塔底的领域是知识的领域，包括自我知识和职业知识。自我知识就是对自我的认识，职业知识就是对自己所选择职业的认识，这两个认识都属于知识的领域。自我知识就是自我的价值观，包括自己的专业知识以及学科知识、办事能力等。职业知识包括了解社会环境、地域和特定的职业等。这部分就如同计算机中存储的各种数据文件，以图式方式存储的零散信息或动态信息。这些知识能使我们处理和加工生涯问题解决和决策制定中的信息。比如，在职业知识领域，如果我们会计学的知识了解得多，就会很好地发展有关会计的工作、技能和兴趣。

中间领域是决策技能领域，也叫通用信息加工技能，包括沟通－分析－综合－评估－执行五个阶段（即 CASVE 循环），该阶段是帮助我们对生涯进行分析与判断，最终做出决策的阶段。该领域就如同计算机的程序，用于将事实和数据存储在计算机的文件和内存中。解决生涯问题要占用大脑大量的记忆空间，并且要求大脑具有很强的信息加工能力。为了达到这一点，要求我们像运动员准备一场比赛一样，专心致志、集中注意力。这之后，我们就进入了金字塔顶端。

最上层的领域是执行加工领域，也称为元认知。元认知是一个人所具有的关于自己思维活动和学习活动的知识及其实施的控制，是任何调节认知过程的认知活动，即是以任何以认知过程与结果为对象的知识。

这一理论为职业生涯规划和职业咨询提供了操作的框架和流程。按照信息加工模型，在生涯管理中，针对最高层，我们需要辨别消极思维、进行积极的自我对话、提高自我控制和调节水平等，以此来完善我们的元认知。CASVE 循环提供了一种能用于职业生涯中问题解决的通用方法。当我们能成功、快速、有效地使用这一策略来处理生涯问题时，我们的生涯状况将得到极大改善。而自我知识和职业知识构成职业生涯规划的基础，没有全面而准确的知识，个人就无法做出恰当的职业生涯决策，职业生涯规划时需要对其进行完善。

第二章 自我认知探索

第一节 自我认知概述

对自我的了解是职业生涯规划的前提。比如,专业选择本身就受到许多复杂因素的影响,有的学生可能会因为录取专业不是自己的首选,就不喜欢自己所学的专业,这背后其实是将自己的挫折感和现在的专业做了一个错误连接,导致因不能接受自己的考学挫折而不接受现在的专业。还有的学生受社会流行看法的影响,认为一些专业的发展前景不好。这些因素都会在不同程度上令他们迷失方向。因此,大学生职业生涯规划与发展成功的第一步是学会"自我认知"。

一、自我认知的内涵

"自我"是指一个人对自己多方面知觉的总和。它包括对个人的一系列认识和评价;对自己性格、能力、兴趣、欲望的了解;与别人以及环境的关系;处理事务的经验;生活的目标;等等。

自我认知是指对自己的洞察和理解,包括自我观察与自我评价。自我观察是指对自己在感知、思维和意向等方面的觉察;自我评价是指对自己在想法、期望、行为及人格特征等方面的判断与评估。自我认知是进行清晰自我定位的基础，是个人职业与事业生涯的起点，包括认知价值观、人生方向和目标，认知性格特征，认清优势和劣势，觉察情绪变化、原因等。

二、自我认知的原则

自我认知是建立在自我观察与自我分析基础上的对自我身心素质的全面评估，正确的自我认知应把握以下四条基本原则。

（一）适度性

自我认知应当适度，过高的自我认知往往会使自己脱离现实，意识不到自己的条件限制，甚至狂妄自大，由自信走向自负；过低的自我认知往往会使自己忽视自我的长处，缺乏自信，过于自卑。过高或过低的自我认知对自己的成长都是不利的。

（二）客观性

自我认知应当遵循客观性原则。尽管自我认知是自己对自己进行观察、分析和评价，但需要以客观事实作为基础和依据。人贵有自知之明，自知的可贵之处在于自知的不易。

（三）全面性

自我认知要全面。在进行自我认知的过程中，既要看到自己的优点和特长，又要看到自己的缺点和不足；既要对自己的某一方面的特殊素质进行具体评价，又要对自己的整体素质进行综合评价；既要考虑到全面的整体因素，又要考虑到其中占主导地位的重点因素。总之，认识自我时应努力克服个人主观因素的干扰，努力使自我评价趋于客观和真实。

（四）发展性

自我认知时，应以发展变化的眼光看待自己，不但应当对自己的现实素质做适当、全面、客观的评价，而且应当着眼于未来的发展变化，预见性地评估自己将来的发展潜力和发展前景。

三、自我认知的方法

自我认知的方法比较多，常用的主要有现实分析法、内省法、纵向剖析法、360度评价法、专家咨询法、职业测评法等。

（一）现实分析法

现实分析法要求准确地把握自我，对自己的人生态度、兴趣和理想有充分的认识。这就要求人们既要认识自己的外在形象，如外貌、衣着、举止、风度、谈吐等；又要认识自己的内在素质，如学识、心理、道德、能力等。

（二）内省法

古人云："吾日三省吾身。"反省自己对认识、把握自己是有好处的。内省法主要通过回答"我是谁"来反省、分析自己，反省时既要看到自己的优点和长处，又要看到自己的缺点和不足。

（三）纵向剖析法

人是不断变化、发展的。"今天的我"是以"昨天的我"为基础的，同时是"明天的我"的基础，它们相互联系而又不尽相同，但继承和发展是其主要趋势，这种关系体现在知识、经验、兴趣、爱好、能力和愿望等各个方面。因此，人们可以对自己进行前后比较，深刻地了解自我、认识自我，从而对自己做出客观的评价。

（四）360度评价法

古人云："以人为镜，可以明得失。"他人的评价就像一面镜子，映射出另一个角度的自我。360度评价法原是绩效考核方法之一，自20世纪80年代以来，迅速为国际上许多企业所采用，其特点是评价维度多元化。针对大学生职业生涯的自我认知目标，360度评价法被改良为通过收集家人、朋友、同学、老师等大学生常见社会关系人员的他评信息，获得多层面人员对自己外表、态度、个性、能力、素质等方面的反馈，从而为客观、全面地认识、了解自我做参考。

（五）专家咨询法

用专家咨询法认识自我主要是指个体通过与专家交谈，探讨自己的人生经历、专业、学历、兴趣、价值取向、能力、个人的内外资源等，借助专家的力量来清晰地认识自我、准确地定位，从而找到自己的职业发展方向。

（六）职业测评法

职业测评是心理测验的一个分支，在学术上被广泛认可的心理测验的定义是"行为样组的客观的、标准的测量"。科学的职业测评是以特定的理论为基础，经过设计问卷、抽样、统计分析、建立常模等程序编制的，必须包含效度、信度、常模。效度是指测验结果的准确性，信度是指测验结果的稳定性，常模是指有代表性的样本在测验中的分数分布情形。

科学的心理测验是客观化、标准化的问卷，它的科学性、客观性、可比较的功能是其他自我认知的方法所不具有的，因此得到了职业指导机构的广泛推行。常用的职业测评工具主要有迈尔斯－布里格斯类型指标（Myers-Briggs Type Indicator, MBTI）、霍兰德职业兴趣测评、职业锚测评、普通能力倾向成套测验（general aptitude test battery, GATB）等。

四、职业自我的四要素

在众多与职业相关的自我特征因素中，有一类因素在根本上影响个人的职业倾向，关系到个人能否投入工作、适应工作、重视工作、取得工作成就，我们称之为职业自我。

（一）兴趣

遵照职业选择的喜好原则，只有活动对象是自己喜欢的，才能发自内心地倾向它、选定它、热衷于它，并且在困难面前坚定不移、矢志不渝。

（二）个性

遵照职业选择的适合原则，只有从事自己适合的职业，才能感到舒适、自在，才能充分地融入职业环境、享受职业过程。

（三）能力

遵照职业选择的擅长原则，只有进入自己擅长的活动领域，才能发挥特长，在处理问题时才能得心应手、游刃有余。

（四）价值观

遵照职业选择的价值原则，只有认为活动对象足够重要，值得付出时间与努力，才能心甘情愿地开创事业。

职业自我的四要素直指个体与职业相匹配过程中的最佳状态。如果一个人从事一份自己喜欢的、擅长的、适合的和看重的职业，那么他取得职业成功、实现自我价值的概率就很大。

第二节　兴趣探索

伟大的科学家爱因斯坦说过："兴趣是最好的老师。"这就是说一个人一旦对某事物有了浓厚的兴趣，就会主动去求知、去探索、去实践，并在求知、探索、实践中产生愉快的情绪和体验。

一、兴趣与职业兴趣

（一）兴趣

1．兴趣的含义

兴趣是人对事物的特殊的认识倾向，该认识倾向是当以个体的特定活动、事物以及人的特性为对象的时候，所产生的情绪紧张状态，即满意的情绪色彩和向往心情。因为兴趣规定了个人积极探索事物的认识倾向，所以为行动和认识提供了动力，使其对感兴趣的事物优先注意，反映出独特的向往意识。兴趣是以需要为基础的，任何一种兴趣都是在有关活动过程中，由于使自己情绪上得到满足或者使自己获得想要的知识而产生的。

2．兴趣的形成过程

根据发展程度的不同，可以把兴趣的形成过程划分为三个阶段：有趣、乐趣和志趣。有趣是兴趣形成的第一个阶段，处于这一阶段的兴趣与对事物的新奇感相联系，非常不稳定，往往新奇感消失了，兴趣也就没有了。乐趣是兴趣发展的第二个阶段，在这个阶段兴趣变得更加专一、深入。当乐趣与社会责任感、理想、奋斗目标结合起来时，兴趣就进入了第三个发展阶段——志趣。志趣是个体取得成就的根本动力，是成功的重要保证。

（二）职业兴趣

1．职业兴趣的概念

职业兴趣即对某类职业或工作的积极态度。不同的人有不同的职业兴趣，如果能从事与自己的职业兴趣相符的职业，个体在工作中就能更加积极热情、全神贯注并富有创造力。职业兴趣是个人成功的推动力。古今中外，凡在事业上有成就者无不对自己的职业充满浓厚的兴趣。

职业兴趣不是天生的，它的形成与人们所处的历史条件、实践活动和对自身能力的认识有着密切的关系。例如，当计算机技术得到较大发展时，对这个职业感兴趣的人也迅速增多，这是由现实需求和历史发展阶段决定的。又如，某人从事某种特定职业，在长期实践过程中通过对职业活动的认识，了解和培养了自己的能力和特长，也可引发其对该职业的浓厚兴趣。

2. 职业兴趣对职业发展的影响

（1）职业兴趣可以提高人的工作效率

职业兴趣可以调动人的全部精力，使之以敏锐的观察力、高度集中的注意力、深刻的思维和丰富的想象投入工作中去，从而有助于工作效率的提高。有资料表明，如果一个人对某份工作有浓厚的兴趣，他就可能发挥其全部才能的80%~90%，并能长时间地保持高效率而不感到疲劳；如果一个人对某份工作缺乏兴趣，就只能发挥其全部才能的20%~30%，且容易筋疲力尽。

（2）职业兴趣是事业成功的重要因素

一个人的兴趣、动机、感情、价值观等倾向性因素都会对其职业生涯产生影响，而这些因素中，兴趣所起的作用最大。兴趣不仅可以影响人们的职业定向和职业选择，还可以开发人们的潜能，激发人们去探索和创造。对职业有兴趣，在工作过程中就有干劲，容易投入，也容易出成绩，即使遇到不如意或挫折也能迅速调整心态坚持下去。如果对所从事的工作缺乏兴趣，就不能专心致志，遇到挫折也容易轻言放弃。比如，在学校里被人骂为"低能儿""傻瓜"的爱迪生，却在发明领域展现出了杰出的才能；在课堂上"智力平平"的达尔文，在大自然的怀抱里却异常聪明和敏锐。正是兴趣让这些曾被认为"愚笨"的人成了大家眼里的天才。所以，获得诺贝尔物理学奖的华裔科学家丁肇中说："兴趣比天才重要"。

二、职业兴趣的类型

不同兴趣类型和不同职业间的匹配关系如表 2-1 所示。

表 2-1 职业兴趣类型

类型	类型特征	适应的职业
1	愿与事物打交道,喜欢接触工作、器具或数字,而不喜欢与人打交道	制图员、修理工、裁缝、木匠、建筑工、出纳员、记账员、会计、勘测人员、工程技术人员、机器制造人员等
2	愿与人打交道,喜欢与人交往,对销售、采访、传递信息一类的活动感兴趣	记者、推销员、营业员、服务员、教师、行政管理人员、外交联络员等
3	愿与文字符号打交道,喜欢常规的、有规律的活动。习惯于在预先安排好的程序下工作,愿从事有规律的工作	邮件分类员、办公室职员、图书馆管理员、档案管理员、打字员、统计员等
4	愿与大自然打交道,喜欢地理地质类的活动	地质勘探人员、钻井工、矿工等
5	愿从事农业、生物、化学类工作,喜欢种养、化工方面的实验性活动	农业技术员、饲养员、水文员、化验员、制药工、菜农等
6	愿从事社会福利类的工作,喜欢帮助别人解决困难;喜欢帮助人,试图改善他人的状况,帮助他人排忧解难	咨询人员、科技推广人员、教师、医生、护士等
7	愿做组织和管理工作,喜欢掌控一些事情,以发挥重要作用,希望受到众人认可和获得声望,愿做领导和组织工作	组织领导管理者,如行政人员、企业管理干部、学校领导和辅导员等
8	愿研究人的行为和心理,喜欢涉及人的主题,对人的行为举止和心理状态感兴趣	心理学、政治学、人类学、人事管理、思想政治教育研究工作以及教育、行为管理工作、社会科学工作者、作家等

续表

类型	类型特征	适应的职业
9	愿从事科学技术事业，喜欢通过逻辑推理、理论分析、独立思考或实验，发现和解决问题，善于理论分析，喜欢独立地解决问题，也喜欢通过实验得到新发现	生物、化学、工程学、自然科学工作、工程技术人员等
10	愿从事有想象力和创造力的工作。喜欢创造新的式样和概念，大都喜欢独立的工作，对自己的学识和才能颇为自信，乐于解决抽象的问题，而且急于了解周围的世界	社会调查、经济分析、各类科学研究工作、化验、新产品开发，以及演员、画家、创作或设计人员等
11	愿做操作机器的技术工作，喜欢通过一定的技术来进行活动，对运用一定技术操作各种机械、制造新产品或完成其他任务感兴趣，喜欢使用工具	制造人员、飞行员、驾驶员、机械操作工等
12	愿从事具体的工作，喜欢制作看得见、摸得着的产品并从中得到乐趣，希望很快看到自己的劳动成果，并从完成的产品中得到满足	室内装饰、园林、美容、理发、手工制作、机械维修、厨师等

三、霍兰德职业兴趣理论

美国心理学家、职业指导专家霍兰德的职业兴趣理论建立在以下三个假设之上：人可以分为六大类，即现实型、研究型、社会型、事务型、企业型和艺术型；职业环境可以分为相对应的同名称的六大类；人格与职业环境的匹配是形成职业满意度和成就感的基础。

霍兰德职业兴趣理论中劳动者类型与职业类型的对应关系如表2-2所示。

表 2-2 劳动者类型与职业类型的对应关系

类型	劳动者	职业
现实型（R）	愿意使用工具从事操作性工作；动手能力强，手脚灵活，动作协调；不善言辞，不善交际	主要是指各类工程技术工作、农业工作，通常需要一定体力，需要运用工具或操作机器。主要职业有：工程师，技术员，机械操作、维修、安装工人，矿工，木工，电工，鞋匠，一般翻译人员，司机，测绘员等
研究型（I）	抽象思维能力强，求知欲强，肯动脑，善思考；喜欢独立的和富有创造性的工作；知识渊博，有才华，不善于领导他人	主要是指科学研究和科学实验工作。主要职业有：自然科学和社会科学方面的研究人员、专家，化学、冶金、电子、计算机、无线电、电视、飞机等方面的工程师、技术人员，飞机驾驶员，计算机操作员等
社会型（S）	喜欢为他人服务和教育他人；喜欢参与解决人们共同关心的社会问题；渴望发挥自己的社会作用，体现自身社会价值；看重社会义务和社会道德	主要是指各种直接为他人服务的工作，如咨询服务、医疗服务、教育服务、生活服务等。主要职业有：教师，保育员，行政人员，心理咨询师，医护人员，衣食住行服务行业的管理人员、服务人员，福利人员等
事务型（C）	喜欢按计划办事，习惯接受他人的指挥和领导，自己不谋求领导职务；不喜欢冒险和竞争；工作踏实，忠诚可靠，遵守纪律	主要是指与文件档案、图书资料、统计报表相关的各类科室工作。主要职业有：会计，出纳，统计人员，打字员，办公室人员，秘书，文书，图书管理员，导游，外贸职员，保管员，邮递员，审计人员，人事职员等
企业型（E）	精力充沛、自信、善交际，具有领导才能；喜欢竞争，敢冒风险，处理事情稳重果断；喜爱权力、地位和物质	主要是指那些组织并对之施加影响，使他人共同完成组织目标的工作。主要职业有：经理，企业家，政府官员，商人，领导者，管理者等

续表

类型	劳动者	职业
艺术型（A）	喜欢以各种艺术形式的创作来表现自己的才能，实现自身的价值；具有特殊艺术才能和个性；乐于创造新颖的、与众不同的艺术成果；渴望表现自己的个性	主要是指各类艺术创作工作。主要职业有：音乐、舞蹈、戏剧等方面的演员、艺术编导、教师，文学艺术的评论员，广播节目的主持人、编辑、记者，画家，书法家，摄影家，家具、时装、珠宝、房屋装饰等行业的设计师等

霍兰德划分的这六大类型并不是并列的，也没有明晰的边界。他以六边形标示出六大类型的关系：相邻关系（两种类型共同点较多）、相隔关系（两种类型共同点较少）、相对关系（两种类型对立点多、共同点少）。霍兰德职业倾向理论示意如图 2-1 所示。

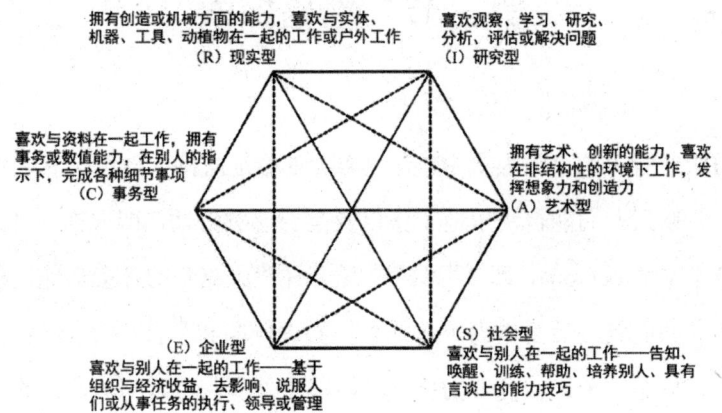

图 2-1 霍兰德职业倾向理论示意

人们通常倾向于选择与自己的兴趣类型相匹配的职业环境，如具有研究型兴趣的人希望在研究型的职业环境中工作，这样可以更好地发挥个人的潜能。但是，个体在进行职业选择时并非都能选择到与自己兴趣完全相对应的职业环境。

一是因为个体本身常是多种兴趣类型的综合体，单一类型显著突出的情况不多。所以，评价个体的兴趣类型时，可根据霍兰德职业偏好测评量表分数的高低依次排列代表类型的英文字母，取得分居前三位的类型构成其兴趣组型。

二是因为影响职业选择的因素是多方面的，不能完全依据兴趣类型，还要参照社会的职业需求及获得职业的现实可能性。

因此，人们进行职业选择时会不断妥协，寻求相邻甚至相隔的职业环境，这就需要个体逐渐适应不匹配的工作环境。但如果个体找到的是相对的职业环境，意味着所进入的是与自我兴趣完全不同的职业环境，则工作起来可能难以适应，或者难以体会到工作的快乐，甚至可能会感到痛苦。

第三节　性格探索

在与职业有关的个人因素中，有一类因素稳定而持久地影响着人们的职业倾向，并关系到人们能否快乐地工作以及是否感觉舒适，即人格。"人格"一词源自拉丁文的 persona，即"面具"，暗示了"人格"的社会功能。不同的角色戴着不同的面具，后引申为个体的个性心理倾向和个性心理特征。

虽然人格是一个比较复杂的概念，但国内外专家经过努力，目前已经提出比较被认可的、便于我们了解的解释。简言之，人格是个体的思想、情感及行为的特有整合，其中包括区别于他人的稳定而统一的心理品质，即气质与性格。

一、气质

（一）气质的含义

气质是心理活动表现在强度、速度、稳定性和灵活性等方面的动力性质的心理特征。气质相当于我们日常生活中所说的脾气、秉性或性情。气质是一种相对稳定的自然属性，先天因素起决定性作用，例如，遗传基因相同或相近的人的气质类型虽不完全相同但是很接近。当然，气质的稳定性也不是绝对的，它也是会发生变化的，人在经历过世事变迁之后，气质也可能会有所改变。

（二）气质的类型

关于气质的分类，不同的学者有不同的分类方法，大部分心理学研究者把气质分为四种类型，即胆汁质、多血质、黏液质、抑郁质。四种不同的气质类型具有不同的心理特征。

1. 胆汁质

胆汁质的人又称为兴奋型（不可遏止），属于兴奋而热烈的类型。这种类型的人在言语、面部表情和体态上都给人以热情直爽、善于交际的印象。有理想、有抱负，反应迅速，行为果断，表里如一，不愿受人指挥而喜欢指挥别人。这种人一旦认准目标，就希望尽快实现，遇到困难也不折不挠，有魄力，敢负责；但往往比较粗心，自制力较差，容易感情用事，比较鲁莽，工作带有明显的周期性；能以极大的热情投身于事业，一旦筋疲力尽，情绪顿时转为沮丧而心灰意冷。

2. 多血质

多血质，又称活泼型，属于敏捷而好动的类型。这种类型的人易于适应环境的变化,在新的环境里不感到拘束,性格开朗、热情,善于交际。在群体中精神愉快、朝气蓬勃,常能机智地解脱窘境。在工作学习上富有精力而效率高,表现出机敏的工作能力,愿意从事合乎实际的工作,能对工作心驰神往,迅速地把握新事物,在有充分自制能力和纪律性的情况下,会表现出巨大的积极性。兴趣广泛,但情感易变,如果工作不顺利,热情可能消失。不安于循规蹈矩地工作,有时轻诺寡信、见异思迁。

3. 黏液质

黏液质的人在生活中是一个坚持而稳健的辛勤工作者。这种类型的人行动缓慢而沉着,恪守既定的生活秩序和工作制度,不为无谓的动因而分心,一般不做无把握的事。黏液质的人态度持重,交际适度,不做空泛的轻谈,情感上不易激动,不易发脾气,也不易流露情感,能自制,也不常显露自己的才能。其不足是有时做事情不够灵活,不善于转移自己的注意力;惰性使其因循守旧,表现为固定性有余而灵活性不足。

4. 抑郁质

抑郁质的人安静而羞涩、敏感,精神上难以承受或大或小的神经紧张。情绪体验的方式较少,但内心体验深刻,不易外露。喜欢独处,交往拘束,兴趣爱好少,性格孤僻,遇事三思而后行,怯懦、自卑、优柔寡断,外在行为非常迟缓刻板。

(三)气质与职业

职业活动对人的心理动力特点提出了一定的要求,气质对职业活动的影响大体概括为三个方面:一是气质影响职业活动进行的性质,二是气质影响职业活动的特征,三是气质影响职业活动的效率。因此,大学生在选择职业时,应考虑自己的气质类型与特性,使气质特点符合职业活动的要求,对从事职业活动及将来的发展更为有利。

胆汁质的人适合从事与人打交道、工作内容和环境不断变化并且热闹的工作，如导游、推销员、节目主持人、演讲者、外事接待人员、演员、市场调查员等，不适合需要长期安坐、持久耐心的工作。

多血质的人适合从事与外界打交道、多变、富有刺激和挑战的工作，如管理者、外交家、驾驶员、律师、运动员、记者、冒险家、侦查员、警察、演员等，不太适合做过细的、单调的、机械性的工作。

黏液质的人适合稳定、按部就班、静态的工作，如医务工作者、翻译、教师、文员、法官、调解员、会计、出纳员、保育员、播音员等，不太适合从事需要经常策划创造的工作。

抑郁质的人适合安静细致的工作，如作家、画家、诗人、校对员、打字员、排版员、化验员、编辑等，不太适合从事热闹场合的工作。

二、性格

（一）性格的含义

性格是一个人在对现实的稳定的态度和已习惯化的行为方式中表现出来的人格特征。性格是在社会生活实践中逐渐形成的，一经形成便比较稳定，它会在不同的时间和情况下表现出来。性格的稳定也并不是绝对、一成不变的，而是可塑的。

性格和气质既有联系，又相互区分。

首先，不同气质类型的人在形成性格时是具有倾向性的。例如，多血质的人容易形成热情好客、机智开朗的性格特征，而黏液质的人则难以形成这种性格。性格也反映着一个人的气质，性格内向的人往往总体表现出黏液质或抑郁质气质，而性格外向的人往往表现出多血质或胆汁质的气质。

其次，气质更多地体现了人格的生物属性，性格则更多地体现了人格的社会属性。气质没有好坏之分，不决定一个人成就的高低，任何气质类型的人都可能成为优秀的人，也可能成为碌碌无为的人；而性格受社会历史文化的影响，有明显的社会道德评价的意义，直接反映一个人的道德风貌。个体之间的人格差异的核心是性格差异。

（二）性格与职业的关系

著名经济学家凯恩斯（John Maynard Keynes）曾说："习惯形成性格，性格决定命运。"中国古语也有云："积行成习，积习成性，积性成命。"这都说明性格对一个人人生的影响。不同性格的人适合不同的职业。例如，对驾驶员要求具备注意力稳定、动作敏捷的职业性格特征，对医生则要求具备耐心细致、热情待人的职业性格特征。当然每个人的性格特征都不能百分之百地适合某项职业，但可以根据自己的职业方向来培养、发展相应的职业性格。职业及环境所需要的性格特性，是个人内部的动力，是确定个人在职业上的特征性行为的依据，因此也被称为"职业性格"。

在职业生涯规划过程中理解、透视性格，是为了了解自己的思考方式和行为倾向，更好地接纳自己、发展自己；也是为了了解人与人之间的性格差异，在团队合作方面提出改进措施；同时还能了解不同的性格人群在对职业的选择和适应上的倾向性，以帮助我们合理地做出职业决策、谋划职业发展。

（三）MBTI 性格类型理论

MBTI 性格类型理论源自瑞士著名心理学家卡尔·古斯塔·荣格（Carl

Gustav Jung）的心理类型理论。

（1）能量获得途径：外向－内向。

（2）注意力的指向：感觉－直觉。

（3）决策判断方式：思考－情感。

后经美国的心理学家凯瑟琳·库克·布里格斯（Katherine Cook Briggs）和她的女儿、心理学家伊莎贝尔·布里格斯·迈尔斯（Isabel Briggs Myers）的研究和发展，增加了行动方式维度：判断－知觉。MBTI现已广泛地应用于职业发展、职业咨询、团队建设、婚姻教育等方面，是目前国际上应用最广泛的一种职业规划和个性测评理论。

第四节 能力探索

当一个人的能力和工作要求相匹配时，最容易发挥自己的潜能，并且获得一种满足感。相反，当一个人去做自己力所不能及的工作时，就会感到焦虑，甚至产生挫败感。而当一个人能力超出工作要求太多时，又容易感到工作缺乏挑战，比较乏味。因此，我们要寻求个人能力与职业技能要求的适配。

一、能力

（一）能力的含义

能力是顺利、有效地完成某种活动所必须具备的心理条件。能力是和完成某种活动相联系的,能力的发展会受到素质、知识和技能、教育、社会实践和主观努力等因素的影响,因此能力的发展会出现个体差异,如智商的高低、能力类型的异同、能力发展的早晚等。能力是不断发展、永不停滞的,所以时时刻刻都要加强对职业所需能力的培养。

(二)能力的分类

1. 按照能力发展程度分类

按照能力发展程度分类,可以把能力分为才能和天才。才能是具备发展某种能力所需要的各种心理条件。例如,具备了音乐能力所需要的心理条件,就可以说有音乐才能。一个人不仅具备了才能,而且能力所需要的各种心理条件达到了完美的结合,又为人类做出了杰出贡献的就是天才,如莫扎特、贝多芬都是音乐天才。

2. 按照能力的结构分类

按照能力的结构分类,可以把能力分为一般能力和特殊能力。一般能力即平常所说的智力;特殊能力是从事某种专业活动或某种特殊领域活动所表现出来的能力,如音乐能力、数学能力、写作能力等。

3. 按照能力所涉及的领域分类

按照能力所涉及的领域分类,可以把能力分为认知能力、操作能力和社交能力。认知能力是获取知识的能力,即智力;操作能力是支配肢体完成某种活动的能力,如体育运动、手工操作能力;社交能力是从事社会交往的能力,如语言表达和感染力、组织管理能力等。

4. 按照创造程度分类

按照创造程度,可以把能力分为模仿能力、再造能力和创造能力。模仿能力是仿效他人行为的能力;再造能力是按照现成的模式或程序掌握知识技能的能力；创造能力是不按照现成的模式或程序，独立掌握知识技能、发现新规律、创造新方法的能力。

每个人都具有一种或多种能力组成的能力系统，了解能力的分类，可以更客观、系统地评价自己所具备的各种能力，从而能更准确地匹配职业。

（三）能力的影响因素

能力的影响因素主要体现在素质、知识和技能、教育、社会实践和主观努力五个方面。

1. 素质

素质是有机体天生具有的某些解剖和生理特征，主要是神经系统、大脑的特征及感官和运动器官的特征。素质是能力发展的自然前提，离开这个物质基础就谈不上能力的发展。天生或早期听障的人难以发展音乐能力，双目失明者无从发展绘画才能，严重的早期脑损伤或脑发育不全的缺陷是智力发展的障碍。素质是能力发展的自然基础，但不是能力本身。素质作为先天生成的解剖生理结构，不能直接地决定能力。先天素质只是为能力的发展提供了最初的可能性。

2. 知识和技能

知识是人类社会历史经验的总结，从心理学的观点来说，是头脑中的经验系统以思想内容的形式为人所掌握。技能是操作技术，是对具体动作的掌握，它以行为方式的形式为人所掌握。知识、技能与能力有着密切的关系。知识是能力形成的理论基础；技能是能力形成的实践基础。能力的发展是在掌握和运用知识、技能的过程中实现的；同时，能力在一定程度上决定着一个人在知识、技能的掌握上可能取得的成就。能力和知识、技能密切相关，它们之间既相互联系又互相制约，这种关系主要体现在：掌握知识、技能以一定的能力为前提；

能力制约着掌握知识、技能的快慢、深浅、难易和巩固程度；而知识的掌握又会导致能力的提高。当然，知识、能力的发展与技能的发展是不完全同步的。

3. 教育

教育是掌握知识和技能的具体途径和方法。教育不仅在儿童和青少年的智力发展中起着主导作用，而且对能力的发展同样也起着主导作用。教育不但使学生掌握知识和技能，而且通过知识和技能的传授，还能促进心理能力的发展。学校教育对学生能力的培养是至关重要的，但是当他们走上工作岗位以后，原来已经掌握的知识和技能，就显得不够用，有些甚至已经过时了。因此，在组织中，对在职员工的教育和培训就显得特别重要，他们必须掌握多种知识、多种技能，并能进行综合的运用。

4. 社会实践

能力是人在改造客观世界的实践活动中形成和发展起来的，劳动实践对各种特殊能力的发展起着至关重要的作用。不同职业的劳动制约着能力发展的方向，不同的实践向人们提出不同的要求，人们在实践和完成任务活动中，不断地弥补薄弱环节，从而使能力得到相应的发展和提高。

5. 主观努力

主观努力是获得成功的必由之路。要使能力获得较快和较大的增长，没有主观的勤奋努力是根本不可能的。世界上有这么多政治家、科学家和发明家，无论他们从事的领域有多么不同，他们的共同点是长期坚持不懈、刻苦努力、顽强地与困难作斗争；没有刚毅、顽强、百折不挠的意志力，任何成就都不可能取得，也无从谈起能力的发展。

二、职业能力

（一）职业能力的含义

职业能力是人们从事某种职业的多种能力的综合。例如，作为教师只具有语言表达能力是不够的，还必须具有对教学的组织和管理能力，对教材的理解和使用能力，对教学问题和教学效果的分析、判断能力等。如果说职业兴趣能决定一个人的择业方向，以及在该方面所乐于付出努力的程度，那么职业能力则能说明一个人在既定的职业方面是否能够胜任，也能说明一个人在该职业中取得成功的可能性。

（二）职业能力的类型

由于职业能力是多种能力的综合，因此我们可以把职业能力分为一般职业能力、专业能力和综合能力。

1．一般职业能力

一般职业能力主要是指一般的学习能力、文字和语言运用能力、数学运用能力、空间判断能力、形体知觉能力、颜色分辨能力、手的灵巧度、手眼协调能力等。此外，任何职业岗位的工作都需要与人打交道，因此人际交往能力、团队协作能力、对环境的适应能力，以及遇到挫折时良好的心理承受能力都是我们在职业活动中不可缺少的能力。

2．专业能力

专业能力主要是指从事某一职业的能力。在求职过程中，招聘方最关注的就是求职者是否具备胜任所应聘的岗位工作的专业能力。例如，你去应聘教学工作岗位，对方最看重你是否具备最基本的教学能力。

3. 综合能力

这里主要介绍国际上普遍注重培养的"关键能力",包括以下四个方面。

（1）跨职业的专业能力

从以下三个方面可以体现出一个人跨职业的专业能力：一是运用数学和测量方法的能力；二是计算机应用能力；三是运用外语解决技术问题和进行交流的能力。

（2）方法能力

一是信息搜集和筛选能力；二是掌握制定工作计划、独立决策和实施的能力；三是具备自我评价能力和接受他人评价的承受力，并能够从成败经历中有效地吸取经验教训。

（3）社会能力

社会能力主要是指一个人的团队协作能力、人际交往和善于沟通的能力。在工作中能够协同他人完成工作，对他人公正宽容，具有准确裁定事物的判断力和自律能力等，这是岗位胜任和在工作中开拓进取的重要条件。

（4）个人能力

随着我国经济体制改革的深入、法制的不断健全完善，人的社会责任感和诚信将越来越被重视，假冒伪劣将越来越无藏身之地，一个人的职业道德会越来越受到全社会的尊重和赞赏，爱岗敬业、工作负责、注重细节的职业人格会得到全社会的肯定和推崇。

（三）提高职业能力的途径

1. 主观能动性能促进职业能力的培养

能力的形成和发展有其自然的前提，即人的遗传素质。如果个体在脑神经系统、运动器官、感觉器官的解剖生理结构和机能方面有缺陷，就难以形成和发展相应的能力。不过，马克思说："搬运工和哲学家之间的原始差别要比家犬和猎犬之间的差别小得多，他们之间的差异是分工形成的。"因此，对常人来说，能力，特别是职业能力的形成和发展不取决于先天，而在于后天的环境、教育训练及实践活动。例如，邓亚萍小时候由于个子不高，在行家看来不是打乒乓球的料，但由于她勤奋拼搏，能够吃常人难吃之苦，终于成为世界乒坛上一颗璀璨的明星。这就说明充分发挥人的主动性非常重要。

2. 接受教育和培训能促进能力的形成

父母是我们的第一任老师。我们从父母那里接受了最初的职业意识，并获得了最初的基本能力。个体获得知识能力，主要是来自间接经验的传递。有目的、有计划、有组织的学校教育可以充当这一媒介。提高职业能力最有效的方法就是接受教育和培训，短期职业教育和高等教育都能使人获得一定的基础知识和职业技能，在上岗前再参加一些针对性强的专门培训，对上岗后更好地胜任岗位职责会有很大的帮助。

3. 通过不断地实践提高职业能力

我国古代思想家王充在他的论著中就指出"施用累能""科用累能"，就是说能力是在使用中积累的，从事不同职业活动的人积累不同的能力。苏联著名戏剧家斯坦尼斯拉夫斯基（Konstantin Sergeyevich Stanislavski）也说："没有顽强的细心的劳动，即便是有才华的人也会变成绣花枕头似的无用的玩物。"这都突出了实践活动在能力形成和发展中的作用。职业能力和职业实践互为因果，从事一定的职业活动需以一定的能力为前提，但在实践过程中不断涌现出来的新问题、新要求则会促使相应能力水平的持续提高。

4. 一些良好的品质对能力的形成和发展有重要的意义

例如，谦虚能使人保持旺盛的求知欲和进取精神，这样不仅会激发人发挥自己的能力，还可以使人挖掘自己的潜能，从而促进能力的发展。再如，毅力不仅能帮助人战胜困难，成为成功的外部条件，而且能使人战胜身体上的某些缺陷（如口齿不清），使能力得到发展。另外，"勤能补拙"也说明了个人的勤奋努力对能力的发展有着积极的作用。

第五节　职业价值观探索

为什么要工作？有的人是为了获得实际利益，如金钱和声望；有的人是基于自己的兴趣、爱好；也有人希望发挥特长、获得认同感，并找到自我。显然，人们工作是因为工作可以满足其特定的需求。价值观正是建立在需求的基础上，对一个人的职业目标和择业动机起着决定性的作用。

一、价值观

（一）价值观的含义

价值观是指个人对客观事物（包括人、物、事）意义、重要性的总评价，是对"什么是好的"的总看法，是推动并指引一个人采取决定和行动的原则、标准。简单来说，价值观是人用于区别好坏、分辨是非的心理倾向体系。

价值观是一种内心尺度。它融于人格当中，支配着个人的行为、态度、信念、理解、生活目标和追求方向等，也支配着个人认识世界、自我了解、自我定向、自我规划等，并为自认为正当的行为提供充足的理由。每个人都有自己独特的价值系统。

（二）价值观的作用

价值观一旦确定，就开始决定、调节、制约个性倾向中的需要、动机、愿望等，可以说，它是个人动机和行为模式的"统帅"。需要、动机的目的、方向受价值观的支配，只有经过价值判断之后被认为是可取的，才能被个体转换为行为的动机，并以此为目标引导自己的行为。

价值观无论在生活中还是在职业发展中都起着极其重要的方向性作用，甚至超过了兴趣和性格的影响。价值观使人的行为带有稳定的倾向性。一个人越清楚自己的价值观，越了解自己在工作和生活中想要寻求什么，他的生涯发展目标通常也就越清晰。

二、职业价值观

（一）职业价值观概述

俗话说，人各有志。这个"志"表现在职业选择上就是职业价值观，它是一种具有明确目的性、自觉性和坚定性的态度。舒伯认为，职业价值观是个人追求与工作有关的目标，从事满足自己内在需求的活动时所追求的工作特质或属性，它是个体价值观在职业问题上的反映。由于年龄阅历、教育状况、家庭影响、兴趣爱好等方面的不同，人们对各种职业有着不同的主观评价。各种职业在劳动内容上、劳动难度和强度上、劳动条件和待遇上、所有制形式和稳定性等诸多问题上，都存在差别，再加上传统思想观念等的影响，各种职业在人们心目中的声望、地位便有了好坏、高低之分。这些评价形成了个人的职业价值观，并影响着个人对就业方向和具体职业岗位的选择。

（二）职业价值观的分类

不同学者对职业价值观的分类有不同的看法。

施恩提出职业锚理论，将一个人的职业价值观分为 8 类，包括自主型、创业型、管理型、技术职能型、安全稳定型、挑战型、生活型、服务型。

美国心理学家罗克奇（Milton Rokeach）研究出 13 种价值观偏好，分别是成就感、美感、挑战、健康、收入与财富、独立性、爱及家庭、道德感、欢乐、权力、安全感、自我成长、协助他人。

国内学者通过大量调查，把职业价值观分为 6 种类型，分别是自由型、小康型、支配型、自我实现型、志愿型和技术型。

这里，我们将人的职业价值观分为 13 种类型，各类型及其基本含义如表 2-3 所示。

表 2-3　13 种职业价值观类型

类型	基本含义
利他主义	总是为他人着想，把为大众的幸福和利益尽一份力作为自己的追求
审美主义	能不断地追求美的事物，得到美感的享受
智力刺激	不断进行智力开发、动脑思考，学习和探索新事物，解决新问题
成就动机	不断创新、不断取得成就、不断得到领导和同事的赞扬或不断做成自己想要做的事
自主独立	能够充分发挥自己的独立性和主动性，按自己的方式、想法去做，不受他人干扰
社会地位	所从事的工作在人们的心目中有较高的社会地位，从而使自己得到他人的重视与尊敬
权力控制	获得对他人或某事的管理权，能指挥和调遣一定范围内的人或事物
经济报酬	获得优厚的报酬，使自己有足够的财力去获得自己想要的东西，使生活过得较为富足
社会交往	能和各种人交往，建立比较广泛的社会联系和关系，甚至能和知名人物结识
安全稳定	希望不管自己能力如何，在工作中要有一个安稳的局面，不会因为奖金、增加工资、工作调动或领导训斥等经常提心吊胆、心烦意乱

续表

类型	基本含义
轻松舒适	希望将工作作为一种消遣、休息或享受的形式，追求比较舒适、轻松、自由、优越的工作条件和环境
人际关系	希望一起工作的大多数同事和领导人品好，相处在一起感到愉快、自然
追求新意	希望工作内容经常变换，使工作和生活显得丰富多彩，不会单调枯燥

职业价值观是一个复杂的、多维度的心理因素，包括多种要素，但各要素起的作用不同。我们把职业价值观中主要的因素总结为以下三类。

第一，发展因素。包括符合兴趣爱好、机会均等、公平竞争、工作有挑战性、能发挥自身才能、工作自主性大、能提供培训机会、晋升机会多、专业对口、发展空间大、出国机会多等，这些职业要素都与个人发展有关，因此称为发展因素。

第二，保健因素。包括工资高、福利好、保险全、职业稳定、工作环境舒适、交通便捷、生活方便等，这些职业要素与福利待遇和生活有关，因此称为保健因素。

第三，声望因素。包括单位知名度高、单位规模和权力大、行政级别和社会地位高等，这些职业要素都与职业声望地位有关，因此称为声望因素。

（三）职业价值观的测评

1. 价值问卷

价值问卷是对个人价值观的测量问卷。职业生涯辅导的价值问卷主要用于测量与个体生涯选择有关的价值。对于价值观的测评，国内外一般都采用量表法（测量法），即根据一定的理论编制相应的问卷。国外的量表一般都是基于研究者自己对于职业价值观定义与结构的理解而编制的。我国的职业价值观研究起步较晚,早期主要以引进和修订西方的成熟量表为主。近 10 年来,许多研究者也自觉、严谨地编制了一系列具有中国特色的量表,但大都不具有通用性,因而没有得到普遍应用。

2. 观察法和面谈法

观察法就是通过对个体日常言谈举止、情绪行为进行一段时间的观察,然后从观察者的角度去评价其价值取向。面谈法就是对一些大学生进行访谈,询问他们对就业的准备和看法,让他们描述就业前的心理状态等。

三、树立合理的职业价值观

职业价值观的困惑会影响职业生涯发展和生涯满意度。大学生在职业选择上经常遇到职业价值观方面的困惑。一方面,重视所选职业与所学专业或经验是否对口,希望个人的兴趣爱好得到满足,实现个人的价值;另一方面,择业方向高度集中,许多求职者希望到政府机关、国有大企业、事业单位或外资企业工作。

职业价值观的困惑更突出地反映在职业道德的冲突上。一方面,个体有着强烈的集体主义意识,并崇尚自强进取、勤奋敬业、质朴勤俭、诚信交往的道德价值观;另一方面,又有拜金主义、享乐主义和个人主义的倾向,甚至表现出对物质、功利、享乐的崇拜,对精神世界的漠视。如果这样,需要对自己的职业价值观进行重新审视、调整。

(一)分清职业中的终极型价值观和工具型价值观

1937 年,罗克奇提出把价值观分为工具型价值观和终极型价值观两种。终极型价值观是指"感觉",是一个人希望通过一生的奋斗而实现的目标;而工具型价值观是指"事物",是偏爱的行为方式或实现终极价值观的手段。例如,金钱、工具、汽车、房子等属于工具型价值观;而快乐、幸福、成就感、尊重等属于终极型价值观。有些人总觉得工作的目标是开豪车、住别墅、吃山珍海味、穿名牌,其实仔细想想,真正想要的是物质背后那种自豪、美好的感觉。这种感觉才是自己最终想要的,而物质只不过是帮助达到终极感受的工具而已。很多时候,人们总是忙于获得工具价值,而渐渐忘记了当初真正想要实现的价值,而沦为工具价值的牺牲品。

实际上,我们要的可能是考上大学带来的自信、快乐,工作带来的成就感,婚姻家庭带来的幸福、安全和温暖,唯有终极型价值观的实现才能使心灵得到满足,让人生更丰盛、收获更多。澄清职业价值观时,需要有清醒的认识。

(二)改变价值规则

价值规则是人们对所持价值观的定义。两个人可能拥有一样的价值观,但是对这一价值观的定义及价值规则未必一致。例如,对于"成功",有的人认为要赚到1000万才算成功,而有的人认为每天活得健康、工作快乐就是成功。这是对同一价值观的两种不同的定义,也可以说是不同的信念。

价值规则调整就是纠正对价值观的不合理的定义。合理定义的重要原则是:所制定的规则要能够帮助自己而不是阻碍自己达到目的。它必须是所能掌握的,这样外界就无法控制自己的感受;它要让自己能很容易地感到快乐,很难感到痛苦。因此,理顺自己的职业价值观将使职业生涯更为顺畅。

第三章 职业认知探索

第一节 职业概述

人一生中最重要的阶段是在职业生涯中度过的,职业不仅为人们提供了赖以生存的物质基础,也提供了参与社会活动、承担社会义务、获得社会福利、实现人生价值的条件。深入了解职业,可以帮助人们树立正确的职业观,使职业发展道路更顺畅。

一、职业的含义、功能、特性

（一）职业的含义

对职业的含义,不同的人、不同的社会有不同的看法和认识。当前从事职业研究的理论工作者们认为,职业是指人们为了谋生和发展而从事的相对稳定、有经济收入、特定类别的社会劳动。这种社会劳动是人们的生活方式、经济状况、教育程度、行为模式和道德情操等的综合反映,是人们所承担的社会责任与义务、所拥有的社会权利的重要体现。

职业是一种社会历史现象,是人类发展到一定阶段的产物,现代意义上的职业,是社会分工的产物,是一种专业化的社会劳动岗位。从国家的角度来看,每一种职业都是一种社会分工；从社会的角度来看，职业是劳动者获得的社会角色，如医生、教师、律师、公务员等；从个人的角度来看，职业则是劳动者"扮演"的社会角色，并为社会承担一定的义务和责任，同时获得相应的报酬收入。

职业的外延包括三层意思：一是有工作，即有事可做，有事可为；二是有收入，即获得工资或其他形式的经济报酬；三是有时间限度，一般规定为不超过全天活动时间的三分之一。

（二）职业的功能

职业是社会分工的产物，存在于组织活动中。职业对个人、组织和社会具有不同的功能。

1. 职业对个人的功能

每一个具备劳动能力的人，在他几十年的职业生涯中，职业有着非常重要的作用。主要表现在以下几个方面：

（1）职业活动为人们提供物质生活的基本条件，是人们赖以生存的手段。

大学毕业生求职就业，经济收入的高低是一个重要的参考依据。大学毕业生在职业生涯开始阶段，主要是寻找适合自己发展的职业方向，积累社会经验，锻炼职业能力，而获取一定的经济收入，可以使职业发展有一个较好的基础。

（2）职业能满足人们对社会地位、名誉、权力、成功的需要。

在市场经济社会中，个人的成就往往体现在职业生涯之中，职业的成功会给个人带来地位、名誉、权力的满足感。对多数人来讲，职业的成功途径很多，但大体上可以分为两类：一类是技术或业务的途径，不断提升自己的专业能力求得进步；另一类是管理的途径，通过管理梯次不断提升自己。当然还可能有

第三条途径,即开创自己的事业。

(3)职业可以促进个人多方面的发展,培养、完善个人的兴趣、个性、特长和能力,使个人发展更全面。

事实表明,能够与职业相结合的个人兴趣会更持久、更深入、更有效;人的个性也会在职业活动中、在与他人的相互联系与合作中不断完善。职业场合是锻炼人的特长和能力的最好场合,往往也是实现个人理想和价值的最好场合。

(4)职业是个人为社会做贡献、提升和实现个人价值的重要途径。

每个人为社会做贡献的方式很多,但从事职业活动是最重要、最稳定的一种,也是将个人利益和社会利益结合最好的一种方式。为社会做贡献越多,个人价值越高。

2.职业对组织的功能

(1)职业和职业活动构成了组织和组织活动,也可以说,组织活动体现为职业活动,职业活动实现着组织的存在和运转。

(2)职业活动创造出组织的效率和效益,组织成员越是"职业化",组织越是稳定,其活动就越富有成效。

(3)职业活动创造出组织的社会价值,每个组织成员开展富有成效的职业活动,进而使组织对社会做出贡献。

3.职业对社会的功能

职业和职业活动构成了人类重要的社会生活,它是社会存在和发展的基础。

(1)通过职业活动,生产出社会物质财富和精神财富,构成了社会发展的基础。

(2)职业分工及劳动是构成社会经济秩序及其运行的主要组成部分。

（3）职业的运动和转换推动社会的发展。

（4）职业是维持社会稳定、实现"安居乐业"的基本手段。

（三）职业的特性

1. 职业的多样性和层次性

随着社会的发展，社会分工越来越细，职业种类越来越多。我国早先就有"三百六十行"之说，现代社会职业更是成千上万种。职业除呈现出多样性的特点之外，还呈现出层次性。例如，工程技术人员有高级工程师、工程师、助理工程师、技术员之分；高等院校则有教授、副教授、讲师、助教之分。

2. 职业的专业性和技术性

每一种职业都需要专门的知识和技能。特定的职业道德品质，只有具备了特定的要求，才能胜任所对应的职业。例如，从事数控机床加工，要有机械制图、机械原理等方面的知识，具备数控机床操作的技能和一丝不苟、精益求精的工作态度。随着科学技术的进步，职业的专业性和技术性要求会越来越高。

3. 职业的连续性和经济性

一般来说，一个人可能在较长的时间内持续从事某种职业，并通过职业活动获得较稳定的经济收入。职业正是因为具有明显的经济性和连续性，才与人们的社会活动和日常活动紧密地联系在一起。

4. 职业的时代性和潮流性

职业具有时代性和潮流性，不同时期有不同的热门职业。我国曾出现过"当兵热""从政热"，到"上大学热""考研热"，又发展到"下海热""出国热""外资企业热"等，都反映出特定时期人们对某种职业活动的热衷程度。

二、职业的产生与发展

生产力发展带来职业细分。随着社会科学技术的进步,职业不断发生变化,新的职业不断出现,旧的职业逐渐消失。

(一)职业的产生

职业是人类社会生产力发展到一定阶段的产物,是随着社会分工的产生而出现的。原始氏族社会,人们只能采摘果实,外出打猎,从事原始农业。确切地说,当时还没有真正意义上的职业,因为没有固定从事某项专门工作的人群。

随着人类征服自然能力的提高,社会生产力逐步发展,人类社会产生了三次大分工。第一次社会大分工是在原始社会后期,畜牧业从原始农业中分离出来,一部分人长期从事打猎的实践活动,开始脱离农业种植劳动,专门从事畜牧业劳动;第二次社会分工是工业从农业中分离出来,当时少数人从事手工业劳动,逐渐脱离了农牧业;第三次社会分工是商人阶层的产生。由于三次社会大分工,便出现了人类社会最初的职业,即农夫、牧人、工匠、商人等。

(二)职业的发展

社会分工的发展决定和制约着职业的发展。科学技术的进步、生产工具的改进、生产的社会化使分工越来越发达,专业化程度越来越高,职业门类也越来越多。

社会分工的发展还决定和制约着职业的变化。职业的变化同科学技术与生产力的发展也有一定的关系。科学进步的重要标志是不断有新技术、新工艺和新产品出现,这必然导致职业的新旧更替,并产生新的职业种类。比如,电子科技的发展引起了印刷行业的巨大变革，随着电子计算机汉字激光照排技术的产生和广泛应用，印刷业逐渐告别铅与火的时代，这必然使铅字的铸造业逐步消亡，取而代之的是汉字录入、照排职业的产生。

随着科学技术的发展，职业对人们的要求也越来越高。人们要获取职业，需要一定的条件和过程，并不是任何一项职业都适合每一个人。每项职业都要求从事的人员具备适当的条件，例如，一定的身体条件、知识和技能、思想品德和心理素质等。同样，每个人的身体、文化、技能、思想、心理素质以及家庭经济情况都不同，对不同职业也会有各自的需求与选择，于是就产生了职业对人的选择和人对职业的选择。

三、当代职业发展的新趋势

（一）当代职业发展呈现的新趋势

1.职业的种类大量增加

职业产生初期，种类少，发展缓慢。因为传统生产技术相对稳定，一项重要的技术发明在生产上的应用往往会持续相当长的一个时期，所以社会职业具有相对稳定性。但随着社会的发展以及科技发展的加快，职业种类增加的速度也逐渐加快，当代新兴行业不断涌现，新的职业大量出现。因此，新旧职业更替速度加快。

2.第三产业职业数量增加

随着科学水平的提高，产业结构的调整，第三产业在国民经济发展中所起的作用越来越大，如金融、商务、物流、卫生、教育、旅游等。第三产业的就业人数不断增加，这是现代社会发展的大趋势。另外，我国加入世贸组织和吸引外资对第二产业的制造业起到了积极的推动作用,促使第二产业的用人需求比重上升。目前,我国第三产业发展迅速,截至 2021 年底,第三产业就业人员占 48%。

3.职业活动的内容不断弃旧从新

同样的职业,时代不同,技术方法、工作手段有着天壤之别。例如,工程设计绘图,过去用图纸、丁字尺等,现在用 CAD 技术;机械加工,以前用普通车床,现在用数控车床。一些职业,因新的工作设备和条件变化,对职业内容有了新的要求。如行政工作人员,在以前只要求具备较好的组织协调能力、分析和解决问题能力、文字表达能力、口头表达能力等,但现在除要求他们具备上述能力以外,还要求他们具备社会交往及计算机辅助管理、办公自动化操作能力等。职业的演变提高了对从业者素质、技能的要求。

4.职业将向高科技化、智能化、专业化方向发展

目前,得到世界各国公认并列入重点开发的领域有:信息技术、航天技术、生物技术、新能源技术、新材料技术和海洋技术等。近年来,我国兴建了一批高新技术产业开发区,出现了一批高新技术公司,建立了一批外资和中外合资高新技术企业。因而,在加快高新技术发展政策的实施过程中,与此有关的职业将得到较快发展。随着科学技术的发展,职业的专业化和复合化程度越来越高。

5.职业的流动性强

随着社会职业种类的不断增加,职业选择的机会增多,打破了职业的相对稳定性。现代社会职业兴衰演化迅速,职业的更新速度不断加快,导致一个人一生面临的职业变化也会越来越频繁。

6.永久性职业减少

只有少数人能拥有"永久性"的工作,而从事计时、计件或临时性职业的人会越来越多。

7.绿色职业的可持续发展

最新修订的职业体系中,增加了"绿色职业"标识。在借鉴发达国家经验的基础上,结合我国实际,对具有"环保、低碳、循环"特征的职业活动进行研究分析,将部分社会认知度较高、具有显著绿色特征的职业标示为绿色职业,这是我国职业分类的首次尝试,旨在注重人类生产生活与生态环境的可持续发展,推动绿色职业发展,促进绿色就业。

绿色职业活动主要包括:监测、保护、治理、美化生态环境,生产太阳能、风能、生物质能等新能源,提供大运量、高效率交通运力,回收与利用废弃物等领域的生产活动,以及与其相关的以科学研究、技术研发、设计规划等方式提供服务的社会活动。《中华人民共和国职业分类大典(2015年版)》共标示了127个绿色职业,并统一以"绿色职业"的汉语拼音首字母"L"标识,如环境监测员、太阳能利用工、轮胎翻修工等职业。

(二)今后部分热门职业与紧缺人才预测

(1)计算机软件职业。

(2)电子通信职业。

(3)现代制造业。

(4)广告、房地产、建筑及装饰技术职业。

(5)金融、证券、投资、保险业。

(6)医疗保健职业。

(7)环境保护类职业。

(8)法律类职业。

(9)信息咨询与服务业。

（10）经纪、代理类职业。

（11）商业策划、市场营销类职业。

（12）文化休闲与旅游业。

（13）现代制造业的经营管理和工程技术人才。

（14）生物工程技术人才。

（15）现代农业科技人才。

（16）咨询、策划人才。

（17）国际贸易和外语人才。

（18）教育工作者。

（19）法律工作者。

（20）传媒与出版业人才。

四、职业声望

职业声望是指人们对职业的社会贡献及其社会地位（如权力、工资、晋升机会、发展前景等）的一种主观评价。不同国家和不同民族由于经济发展水平及其传统文化的差异，对职业声望的评价也有所不同。

职业声望最早是由社会学家马克斯·韦伯（Max Weber）提出，他认为社会分层应该从财富、权力和声望三个方面进行考察。所谓的职业声望是指"人们对某种职业社会地位高低的看法"，是"社会舆论对一种职业的评价"。广义的职业评价，包括该职业的收入水平、晋升机会以及对社会的贡献（意义）等因素。

（一）职业声望的测量

评价社会地位的三个维度有财产地位（经济地位）、权力地位和声望地位。比较而言，财产地位和权力地位的认定要容易一些，因为它们都有比较明确的客观指标。声望地位的确认则因为涉及主观的评价而较为复杂。

职业声望测量一般采用以下方式：列出一些职业让被调查者按主观感觉的声望高低程度进行等级排序，研究人员根据被试排序的结果赋予相应的分值，然后计算出每个职业的声望得分，再根据得分高低排列职业的声望等级，由此观察声望分层的基本规则。

1897年美国的亨特（G.Hunter）在研究美国的职业地位时，将全部职业划分为四个等级，这是最早开展的职业声望研究。1925年，康茨（George Counts）第一次使用自己编制的职业声望量表，对美国的职业声望进行调查。自此以后，西方社会学界关于职业声望的研究逐渐多起来，并发展出许多职业声望测量技术。第二次世界大战后，对职业声望进行经常性调查，在许多西方国家已成惯例。

我国职业声望的测量始于20世纪80年代初期，主要是对北京、广州居民的职业声望调查，另有关于科学家职业声望的探讨。国内职业声望调查多采用较为简单的测量方法：列出几十类职业，让被调查者评价，并赋予分值，计算出各个职业的平均得分。这种方法的缺点是测量的职业种类不能太多，于是有人设计出分组职业声望测量法。

（二）职业声望的影响因素

影响职业声望的因素有很多，主要影响因素有以下几点：

（1）职业环境。包括职业的自然环境和社会环境如工作的技术条件、空间环境、劳动强度、工资收入、福利待遇、晋升机会等；它是任职者所能获得的工作条件与社会经济权利的总和。

（2）职业功能。这是该职业对国家的政治、经济、科学、文化发展的意义以及在社会生活中对人们的共同福利所担负的责任。

（3）任职者素质。如文化程度、能力、道德品质等；职业环境越好，职业功能越大，对任职者素质要求越高，职业声望就越高。

（4）社会报酬。职业的社会报酬是指职业提供给任职者的工资收入、福利待遇、晋升机会、发展前景等。一般来说，工作收入高、福利待遇好、晋升机会多、发展前景大的职业，其声望评价也较好。

职业声望在一定时期具有相对稳定性，但在不同社会经济发展阶段，不同经济文化背景的群体和不同年龄、性别的群体对同一职业的评价也会存在明显差别。

（三）职业声望的稳定性

职业声望的高低和认可程度并不是固定不变的，在不同的社会发展时期，以及不同的文化环境和职场群体中，职业声望往往是不同的，主要表现在以下三点：

（1）在不同的社会发展阶段，人们对同一种职业的评价往往并不相同。比如在 20 世纪六七十年代，军人这个职业声望在国内非常高，许多女孩都以当军嫂为荣。而如今，一个成功的企业家，公司 CEO 可能具有很高的职业声望，而那些登上财富榜的企业家往往更是备受瞩目。

（2）具有不同经济文化背景的群体，对同一职业的评价不同。比如，文科专业的大学毕业生希望从政，或者当教授、学者，这些职业在他们心目中具有极高的社会声望；而一些理工科的大学毕业生，则希望从事科学研究或工程技术领域的工作，希望在科技行业成为顶尖的工程师，甚至有的还希望成为建筑设计师、金融家等；另外一些艺校毕业生，则渴望成为影视明星。

（3）不同年龄和性别的群体，对同一职业的评价也存在差异。比如，我们在小学时代希望自己长大当个科学家，当个宇航员，或者音乐家、画家，而长大后，我们却希望当个教师，当个软件开发师，甚至当一名烹饪师，职业声望随着不同的年龄阶段出现变化。

（四）职业声望与职业地位的关系

职业声望是人们对职业社会地位的主观评价。职业地位是由不同职业所拥有的社会地位资源所决定的，但是它往往通过职业声望的形式表现出来。没有职业地位，职业声望就无从谈起；而如果没有职业声望，职业地位高低也无法确定和显现，人们正是通过职业声望调查来确定职业地位的高低。

第二节　职业的分类

一、职业分类的概念及作用

职业分类是采用一定的标准和方法，依据一定的分类原则，对从业人员所从事的各种专门化的社会职业进行全面、系统的划分与归类。我国职业分类是以工作性质的同一性为基本原则，对社会职业进行的系统划分与归类。所谓工作性质，即一种职业区别于另一种职业的根本属性，一般通过职业活动的对象、从业方式等的不同予以体现。需要说明的是，对工作性质的同一性所作的技术性解释，要视具体的职业类别而定。

职业分类是一个国家形成产业结构概念和进行产业结构、产业组织及产业政策研究的基础，对于社会各个行业的发展有着十分重要的意义，任何一个国家的职业分类都影响并制约着其国民经济各部门管理活动的成效。首先，它是劳动力社会化管理的基础。其次，现代职业分类是教育培训与就业工作的基础。最后，现代职业分类为国民经济信息统计提供服务。

二、职业分类的基本依据和方法

任何一个国家的职业分类都是建立在一个分类结构体系之上的，针对体系中的每个层次，依据不同的原则和方法，才能实现总体结构的职业划分与归类。

根据国际职业分类的通行做法，职业分类一般划分为大类、中类、小类、细类四个层次。大类层次的职业分类是依据工作性质的同一性，并考虑相应的能力水平进行的；中类层次的职业分类是在大类范围内，根据工作的任务与分工的同一性进行的；小类层次的职业分类是在中类的范围内，按照工作的环境、功能及相互关系的同一性进行的；细类层次的职业分类即为职业的划分和归类，它是在小类的基础上，按照工作分析法，根据工艺技术、对象、操作流程和方法的同一性进行的。

职业分类的基本方法是工作分析法。职业分类工作分析法是将任何一种职业活动依据其工作的基本属性进行分析，按照工作特征的相同与相异程度进行职业的划分与归类。

国家职业标准是在职业分类的基础上，根据职业（工种）的活动内容，对从业人员工作能力水平的规范性要求。它是从业人员从事职业活动、接受职业教育培训和职业技能鉴定以及用人单位录用人员的基本依据。国家职业标准由国家人力资源和社会保障行政主管部门组织编制并颁发。

职业分类与职业选择、就业咨询、就业指导之间有着密切的联系。高校毕业生与用人单位在就业市场进行"双向选择"，实际上就是求职者选择职业和职业选择求职者的过程。因此，对于高校毕业生来说，不了解职业的种类及分类的依据，不了解职业对于劳动者素质的不同要求，就很难做出正确的择业决策。

三、我国的职业分类

在职业分类中，产业、行业与职业三者之间存在着归属关系，其中，不同产业相应地包含着各种行业，不同行业也相应地包含着各种职业。

产业是国民经济中最基本的分类。按照国际上通行的原则，一个国家的国民经济都可以划分为三大产业：第一产业包括农业、林业、畜牧业、渔业和矿业。第二产业包括机械制造业、加工业和建筑业。第三产业指广泛的服务业（除第一、第二产业以外的其他各业），包括流通部门，如交通运输业、邮电通信业、批发零售贸易业等；为生产服务的部门，如综合技术服务和信息咨询服务等单位；为居民生活服务的部门，如旅馆、理发店、餐饮业、生活用品修理部等单位；为提高居民文化和身体素质服务的部门，如学校、医院、体育馆、电影院等单位；为社会管理服务的部门，如国家各级行政机关、社团组织等。行业是指从事相同性质的经济活动的所有单位的集合。行业是根据经济活动的同质性原则划分的，即每一个行业类别都按照同一种经济活动的性质划分。

我国于2017年由国家统计局牵头修订了新标准《国民经济行业分类》（GB/T 4754—2017）。新标准按照国际通行的经济活动同质性原则划分行业，立足于中国国情，考虑与国际标准的兼容。

新标准将国民经济行业划分为门类、大类、中类和小类四级，共有20个行业门类，97个大类，473个中类，1380个小类。

下面仅列出20个行业门类。

农、林、牧、渔业：包括农业、林业、畜牧业、渔业以及农、林、牧、渔服务业五大类。

采矿业：包括煤炭开采和洗选业、石油和天然气开采业、黑色金属矿采选业、有色金属矿采选业、非金属矿采选业、开采辅助活动、其他采矿业七大类。

制造业：包括农副食品加工业，食品制造业，酒、饮料和精制茶制造业，烟草制品业，纺织业，纺织服装、服饰业，皮革、毛皮、羽毛及其制品和制鞋业，木材加工和木、竹、藤、棕、草制品业，家具制造业，造纸和纸制品业，印刷和记录媒介复制业，文教、工美、体育和娱乐用品制造业，石油加工、炼焦和核燃料加工业，化学原料和化学制品制造业，医药制造业，化学纤维制造业，橡胶和塑料制品业，非金属矿物制品业，黑色金属冶炼和压延加工业，有色金属冶炼和压延加工业，金属制品业，通用设备制造业，专用设备制造业，汽车制造业，铁路、船舶、航空航天和其他运输设备制造业，电气机械和器材制造业，计算机、通信和其他电子设备制造业，仪器仪表制造业，其他制造业，废弃资源综合利用业，金属制品、机械和设备修理业31大类。

电力、热力、燃气及水生产和供应业：包括电力、热力生产和供应业，燃气生产和供应业，水的生产和供应业三大类。

建筑业：包括房屋建筑业、土木工程建筑业、建筑安装业、建筑装饰和其他建筑业四大类。

批发和零售业：包括批发业和零售业两大类。

交通运输、仓储和邮政业：包括铁路运输业、道路运输业、水上运输业、航空运输业、管道运输业、装卸搬运和运输代理业、仓储业、邮政业八大类。

住宿和餐饮业：包括住宿业和餐饮业两大类。

信息传输、软件和信息技术服务业：包括电信、广播电视和卫星传输服务、互联网和相关服务、软件和信息技术服务业三大类。

金融业：包括货币金融服务、资本市场服务、保险业和其他金融业四大类。

房地产业：包括房地产业大类。

租赁和商务服务业：包括租赁业和商务服务业两大类。

科学研究和技术服务业：包括研究和试验发展、专业技术服务业、科技推广和应用服务业三大类。

水利、环境和公共设施管理业：包括水利管理业、生态保护和环境治理业、公共设施管理业、土地管理业四大类。

居民服务、修理和其他服务业：包括居民服务业，机动车、电子产品和日用产品修理业，其他服务业三大类。

教育：包括教育大类。

卫生和社会工作：包括卫生和社会工作两大类。

文化、体育和娱乐业：包括新闻和出版业，广播、电视、电影和影视录音制作业，文化艺术业，体育业，娱乐业五大类。

公共管理、社会保障和社会组织：包括中国共产党机关，国家机构，人民政协、民主党派，社会保障组织，群众团体、社会团体和其他成员组织，基层群众自治组织六大类。

国际组织：包括国际组织大类。

在上述行业分类的基础上，人力资源和社会保障部修订了我国的"职业分类大典"，将我国职业分类的总体结构分为大类、中类、小类和细类（职业）四个层次，依次体现为由粗到细的职业类别。细类作为我国职业分类结构中最基本的类别，即职业。根据我国国民经济发展现状，借鉴国际标准职业分类体系，《中华人民共和国职业分类大典（2015版）》将我国职业分为8个大类，75个中类，434个小类，1481个细类（职业），如表3-1所示。

表3-1 职业的分类

类别	中类	小类	细类
第一大类：党政机关、国家机关、群众团体和社会组织、企事业单位负责人	6	15	23
第二大类：专业技术人员	11	120	451
第三大类：办事人员和有关人员	3	9	25
第四大类：社会生产服务和生活服务人员	15	93	278
第五大类：农、林、牧、渔业生产及辅助人员	6	24	52
第六大类：生产制造及有关人员	32	171	650
第七大类：军人	1	1	1
第八大类：不便分类的其他从业人员	1	1	1

大类是职业分类中的最高层次。大类的划分是以工作性质的同一性为主要依据，并考虑我国管理体制、产业结构的现状与发展等因素，将我国全部社会职业大致分为管理型、技术型、事务型、技能型等八大职业类别。第七类和第八类不再进行下一层次的划分。每一大类的内容包括大类编码、大类名称、大类描述、所含种类的编码和名称。

四、国外的职业分类

社会分工是职业分类的依据。在分工体系的每一个环节上,劳动对象、劳动工具以及劳动的支出形式都各有特殊性,这种特殊性决定了各种职业之间的区别。

世界各国国情不同,其划分职业的标准有所区别。根据西方国家一些学者提出的理论,在国外一般将职业分为如下类型:

(一)按脑力劳动和体力劳动的性质、层次进行分类

这种分类方法把工作人员划分为白领工作人员和蓝领工作人员两大类。白领工作人员包括:专业性和技术性的工作,农场以外的经理和行政管理人员、销售人员、办公室人员。蓝领工作人员包括:手工艺及类似的工人、非运输性的技工、运输装置机工人、农场以外的工人、服务性行业工人。这种分类方法明显地表现出职业的等级性。

(二)按心理的个别差异进行分类

美国约翰霍普金斯大学的心理学教授、著名的职业指导专家约翰·L.霍兰德(John L.Holland)根据"人格—职业"类型匹配理论,将职业划分为六种基本类型。

①现实型。主要是指熟练的手工和技术工作。通常指运用手工工具或机器进行的工作,在西方常被称为"蓝领"职业。例如木匠、鞋匠、锁匠、产业工人、运输工人(司机)等。

②研究型。主要指科学研究和试验工作。从事这些工作的人,包括研究自然界和人类社会是怎样构成和发展变化的工作人员。科研人员(包括自然科学

和社会科学）从事的就是这类职业。

③艺术型。指艺术创作类工作。从事这些工作的人们用语言、音响、动作、色彩等创造艺术工作。例如，作家、音乐家、舞蹈演员、摄影师、书画家、雕塑家等各类文艺工作者。

④社会型。指为人办事的工作，即教育人、医治人、帮助人、服务人的工作。例如，教师、医生、护士、服务员、家庭保姆等。

⑤企业型。指那些劝说、指派他人去做某事的工作。例如，国家机关及工作机构的负责人、党员干部、经理、厂长、律师、工业顾问、推销员等。

⑥常规型。通常指办公室工作，即与组织机构、文件档案和活动安排打交道的工作。例如，办公室办事员、图书管理员、统计员、银行出纳员、商店收款员、邮电工作人员等。

第三节　专业学习与职业发展

专业学习与职业发展是连续的过程，职业发展是专业学习在岗位上的体现，专业学习为职业发展做准备。为了使专业学习与职业发展更好地衔接，大学生在大学期间应该以职业发展为目标制订合理的专业学习计划，注重能力的自我培养和身心素质的提升。

一、专业概述

(一) 专业的含义

当今世界上绝大多数高等学校从性质上看,实施的都是专门教育,即根据学术门类划分或职业门类划分,将课程组合成不同的专门化领域。在我国,将这些不同的组合称为"专业"。专业是高等学校根据社会分工需要和学科体系的内在逻辑而划分的学科门类。按专业设置组织教学,进行专业训练,培养专门人才是现代高校的特点之一。

(二) 专业的形成

早在中世纪,大学里就开始分专业进行教学,只是中世纪大学的专业与今天的专业相比更加宽泛,往往是以一级学科为专业,如医学、法律、神学等。从一级学科发展到二级、三级学科,经历了一个漫长的发展过程,其中既有学科发展方面的因素,也有社会分工方面的影响。

专业的形成有其内在必然性。专业的出现是以一定的社会分工为前提的,同时,专业的出现与自然科学、社会科学的不断分化与综合的趋势有着非常密切的联系;此外,专业的出现还与高等教育自身的发展密切相关。

(三) 专业设置的指导思想及专业划分的原则

高等学校专业设置的指导思想是:以服务为宗旨,以就业为导向,充分体现高校办学特色,具体体现在职业性与学科性相结合;专业的划分实行"以职业岗位群或行业为主,兼顾学科分类"的原则,合理性与科学性相结合;实行"宽窄并存"的原则,灵活性与稳定性相结合。具体来说,专业设置的指导思想与原则应遵从以下几点：

（1）经济社会发展需要从人才培养规律出发。

（2）从学科、专业本身的发展变化的现实出发。

（3）要从实际出发，随时调整专业结构。

（4）要按学科基础或服务对象的范围划分专业。

（5）专业的范围应有较宽广的覆盖面。

（6）专业设置要考虑布局的合理性。

（7）专业设置应考虑学校的办学条件。

（四）专业设置的依据

职业分类并兼顾学科分类是高等教育设置专业的重要依据。专业的划分既以一定的社会分工为前提，又与一定的学科基础相对应。因此，专业设置既要根据现代科技的发展特点，又要依据一定的经济社会的阶段特征。我国高等学校本科教育专业设置按学科门类、学科大类（一级学科）、专业（二级学科）三个层次来设置。学科门类则主要用于授予学位（学士、硕士、博士）。

目前，中国普通高等学校本科专业分为哲学、经济学、法学、教育学、文学、历史学、理学、工学、农学、医学、军事学、管理学和艺术学13个门类，每个门类下设若干一级学科，如理学门类下设数学、物理、化学等一级学科。学科门下设一级学科，共有110个一级学科（不含军事学）。一级学科下设二级学科，共有375个二级学科。中国大学学科专业，每个都有十几门专业课程。其中的专业，还分为基本专业和特设专业，并确定了几十种专业为国家控制布点专业。

特设专业是针对不同高校办学特色，或适应近年来人才培养特殊需求设置的专业。特设专业往往是一些新兴的、具有广阔发展潜力的专业。比如：金融数学、经济与金融、电子信息科学与技术、数据科学与大数据技术等专业都是特设专业。

国家控制布点专业是为了控制学生数量，跟社会需求也有一定关系，这些专业一般都是专业性非常强的专业，社会需求也比较狭隘，所以需要控制。比如：金融学、法学、航海技术、轮机工程、临床医学等专业都是国家控制布点专业。

随着社会的变迁，职业也呈现出新的时代特点。科学技术的发展，科技含量的提高，对劳动者的科技素质提出了越来越高的要求，改变了职业活动的内涵，职业活动中体力劳动的比重减少，脑力劳动的比重日益增加，加快了职业的新陈代谢，新职业不断产生，旧职业不断衰退。专业设置坚持现实性与前瞻性相结合，既适应我国当前经济发展和劳动力市场需要，又适应超前预见未来经济发展和职业变化的需要。解决就业问题的基础环节是专业设置要适应市场要求。专业设置应瞄准经济与产业结构调整的走向，在科学调研的前提下，组成由行业、企业、学校参加的专业指导委员会，对产业发展前景进行分析，对人才需求进行预测。学校教育的长周期、迟效益特征决定了它往往滞后于社会对人才的需求，因此，把握社会发展方向，科学预测未来职业发展趋势，在此基础上设置专业就成为学校服务社会、服务学生的必然要求。

二、专业学习的重要性

在现代社会里，一个人不经过专业学习，不掌握一定的专业知识和技能，就很难就业，更谈不上实现职业理想。因此，对每个学生来说，抓住在校学习的机会，搞好专业学习，完成学业要求，对实现职业生涯规划具有重要的意义。

（1）学好专业知识和技能是顺利就业的必备条件。因此，无论在什么岗位上，没有一定的专业知识和专业技能，都无法履行岗位职责、完成工作任务。如学习制造类机械专业的毕业生看不懂图纸，不会使用量具；学习电气专业的毕业生不会使用仪器、仪表，看不懂电气设备图，又怎么能胜任工作呢？非但如此，还可能因专业知识的匮乏和技能的欠缺而造成重大的损失。

在就业竞争日趋激烈的形势下，只有具备扎实的专业知识和过硬的专业技能，才能在就业竞争中占有优势，为顺利就业创造有利条件，为成功从业铺平道路，为创造优异业绩做好积淀。

（2）学好专业知识和技能是实现职业生涯目标、人生价值的基础。只有学好专业、完成学业，才能找到与专业相关的职业，并在职业舞台上，灵活运用专业知识，充分发挥专业特长，出色完成工作任务。这些正是一个人职业生涯发展的基础，也是实现职业生涯目标和人生目标的基础。

三、专业学习计划

专业学习计划包括学校和院系统一设置的专业学习计划（含有专业设置、课程安排、学时学分比重等）和学生个人的专业学习计划（即学生根据学校和院系的专业计划以及个人的特点设定一套符合自己专业学习需求的计划），在这里，专业学习计划主要指个人的专业学习计划。在大学的专业学习中，制订缜密科学的专业学习计划对一个人的学习是十分重要的。科学合理的专业学习计划不仅能提高学习效率，有效地提高专业学习成绩，而且能磨炼个人意志，锻炼个性品质，进而使自己的综合素质得到全面提高。

（一）专业学习计划的内容

个人的专业学习计划应当包括以下三个方面的内容：

1. 明确的专业学习目标

它是指学生通过专业学习达到预期的结果，在专业基本理论、基本知识和基本技能方面达到的水平，在专业能力方面和实际应用方面达到的目标等。

2. 科学合理的进程表

进程表是指学习时间和学习进度安排表，包括三个层次：一是总体学习时间和学习进度安排表，即大学期间如何安排专业学习进程。二是学期进程表，可以把一个学期的全部时间分成三个部分：学习时间、复习时间、考试时间。分别在三个时间段内制订不同的学习进程表。三是课程进度表，是大学生在每门课程中投入的时间和精力的体现。大学生不应该把可利用的时间平均分配到各门课程中，而是要根据学习基础、学习能力、学习意向、各门课程的难易程度等来安排时间，重点课程、难度较大的课程、与专业目标结合紧密的课程时间安排要多些，反之时间安排可以少一些。

3. 完成计划的方法和措施

该方法和措施主要指学习方式。学习方式的选择需要考虑许多因素：学习基础、学习能力、学习习惯、学科性质、学校能够提供的支持服务、学生能够保证的学习时间等，还要遵循学习心理活动特点、学习规律以及个人的生理节律等。学生要综合考虑以上因素，因时因情而异地选择合适的学习方式。科学合理的专业学习计划有利于大学生更好地完成学业，不合理的专业学习计划很难长时间落实，经常半途而废。

（二）专业学习计划的要求

1. 全面合理

计划中除了有专业学习时间外，还应有学习其他知识的时间和进行社会工作、为集体服务的时间；有保证休息、娱乐的时间。计划中不能只有学习、吃饭、睡觉，否则就是片面的、不科学的。

2. 长时间、短安排

在一个较长时间内，究竟干些什么，应当有个大致计划。比如，一个学期、一个学年应当有个长计划，但实际学习时变化很多，往往又难以预测，因此长计划不可太具体。但下个月或下个学期要解决什么问题，应心中有数，而第一星期干什么要具体些，每天干什么应当更具体。这样把一项较大的任务分配到每周、每天去完成，使长计划中的任务逐步得以实现。

3. 重点突出

学习时间是有限的，而学习的内容是无限的，所以必须有重点，要保证重点，兼顾一般。所谓重点：一是指自己学习中的薄弱学科；二是指知识体系中的重点内容；三是指与专业学习目标相关的内容。制订计划时，一定要集中时间、集中精力攻克重点。

4. 符合实际

有些大学生制订专业学习计划时满腔热情，想得很好，可行动起来，寸步难行，这是目标定得太高、计划订得太死、脱离实际的缘故。这里说的实际是指：一是知识能力的实际，每个阶段，在计划中要接受、消化多少知识，要培养哪些能力。二是指常规学习时间与自由学习时间各有多少。三是"债务"实际，对自己在学习上的"欠债"情况心中有数。四是教学进度的实际，掌握教师教学进度，就可以妥善安排时间，不至于使自己的计划受到"冲击"。

5. 适时调整

每一个计划执行结束或执行到一个阶段，就应当检查一下效果如何。如果效果不好，就要寻找原因，进行必要的调整。检查的内容应包括：计划中规定的任务是否完成，是否按计划去做，学习效果如何，没有完成计划的原因是什么，什么地方安排得紧，什么地方安排得松。检查后，再修订专业学习计划，改变不科学、不合理的地方。

6.一定的灵活性

计划终归不是现实，具有一定的可能性。把计划变成现实，还需要经过较长的一段时间。在这个过程中会遇到许多新问题、新情况，所以计划不要太满、太死、太紧，要留有机动时间，使计划有一定的机动性、灵活性。

四、专业与职业的关系

（一）职业群

由于社会的分工，人们从事着不同的职业。在国民经济建设不同的产业、行业领域中，有成千上万种职业；学校所设置的专业是学业分类，它是从学科与技术的角度进行划分的。所以，专业和职业既有区别，又密切相连。

一个具体的专业，它与职业有对应关系，可以是一个职业岗位，但更多的情况是，一个专业对应的是一个职业岗位群（或职业领域）。职业岗位群一般由工作内容、社会作用、基本技能要求相近，从业者所应该具备的素质接近的若干个职业岗位构成。如机械设计与制造专业，毕业生所对应的职业岗位群有：机械设计、加工工艺、工艺装备设计、CAD/CAM等工程软件应用、数控编程、数控机床操作及技术管理等。电气自动化技术专业，毕业生所对应的职业岗位有：电气自动化系统的安装、调试、改造及技术管理，变配电系统设备的运行、维修、安装、调试及部分设计工作，工业自动化系统营销等。计算机应用技术专业，毕业生所对应的职业岗位群有：在企业、商贸、财经、金融、党政团体等单位从事计算机维护、修理，数据库编程，网络安装与使用，多媒体制作，计算机经营等。

不管什么专业，学校在制订专业教学计划时都要明确该专业毕业生的就业方向（或职业岗位群）。

（二）增强职业意识

大学生经过专业学习和训练，完成学业后，就会选择职业进入企业、公司。所以，在校学习期间，应该增强职业素质，熟悉与自己所学专业对应的职业群，及时关注相应职业或职业群的变化情况，了解与自己所学专业相关的职业资格考试并获取相关的职业资格证书。

（三）专业设置与社会需求

随着高等教育大众化时代的到来，"上大学就意味着找到好工作"的时代已经随着高等教育精英时代的结束而结束。在专业设置上既要适应教育的外部环境把专业置于整个经济社会的大循环的动态系统中去考察，又要遵循教育的内部规律，符合学科发展需要和人才培养规律，因此教育自身所要求的人才培养有一定的超前性。有的专业从无到有、蓬勃发展，有的专业辉煌一时、日渐衰落。专业调整除受到国家宏观调控之外，其兴衰变化，更多是由市场需求和职业发展前景所决定的。

在高等教育大众化时代，大学生只是一种优秀的社会人力资源，职业对大学生要求越来越精细、越来越挑剔。大学生除了按教学计划学好专业外，提高职业适应性显得更为重要。因此，在校期间，大学生必须根据职业发展需要，选择主修专业和辅修专业，合理安排学习计划，积累适应个人职业发展需要的专业技能，增强自身的就业竞争力。

（四）专业与职业的对应关系

大学学习的专业和现行的社会职业往往是紧密联系在一起的。没有职业岗位的需求，大学的专业就相当于无源之水、无本之木。那么，专业与职业的关系是什么？一个专业对应一个具体的职业吗？我们根据经验，可以将专业与职业的对应关系概括为以下三种：

1. 一对多

即一个专业对应多个职业。通常每一综合性学科专业，都具有较为宽广的职业范围。这类专业一般在大学里面学习的内容比较宽泛，专业性、技术性相对来说低一些，所以，毕业之后，可以选择的职业比较多。但这并不意味着就业比较容易，如果想要更好的就业，需要结合本专业所学知识，另外结合自己的职业规划，有针对性地学习一些职业技能，自己本身的宽专业加上自己的独特技能，毕业之后的竞争力会大大提升。这类专业包括哲学、历史、中文、经济学等。例如，经济学专业的大学生毕业之后，可以从事新闻记者、高校教师、企业管理等工作。

2. 多对一

即大学里面的很多个专业，学生在毕业之后都可以从事一个相同的职业。比如新闻专业、中文专业、经济学专业的学生在毕业之后都可以从事记者这个职业。这种职业往往专业技术含量不是特别高，这也造成了许多有相关性的专业都可以对应到这个职业上面，但是这类职业，可能更加需要个人的领悟能力和在实践中学习的能力，所以在具体工作的过程中，应结合自己的专业知识，不断总结经验，提高技能。

3. 一一对应

即一个专业对应一个职业。这种情况在高职专科中比较常见，在高职专科里面学生所学专业的技术性比较强，可以说，就是为了专门培养某一个职业的学生而专门设置的专业。比如，想当厨师就学厨师专业。在这种情况下，就要先有目标，然后再找路线。总之，大学毕业生除了兴趣之外，往往会在自己的专业相关性最大的职业方向进行就业择业。

五、以就业为导向，了解专业，学好专业

学生上大学，一个重要目的就是要实现较好的就业。在我国高等教育尚是稀缺资源的情况下，大学名额远远不能满足广大考生的要求，许多考生难以选择自己中意的大学和喜欢的专业。因此，学生对所学专业不了解和不喜欢的情况普遍存在。由于不喜欢或是不了解所学专业，许多学生只是被动地学习专业，丧失了学习的动力。

实际上，一个专业能够为学生提供的职业发展空间相当大，如果大学生从入校开始，能够接受良好的专业教育和职业指导专家的建议，能够结合自己的兴趣和能力，以就业为导向，充分地了解专业，就能够激发学习兴趣，学到与自己的职业发展方向相关的专业知识和技能，实现良好的就业。

高等院校以社会需求或就业为导向的教育教学改革，为学生跨专业选课，积累与自己职业发展相关的专业知识和技能创造了良好的条件。一个大学生若能够较早地明确自己的职业发展方向，充分了解自己的职业要求，就一定能够以就业为导向，学到良好的专业知识和专业技能，受到社会和用人单位的欢迎。

以就业为导向，首先要找到自己喜欢从事的职业或职业发展方向，然后客观全面地了解所学的专业，了解与所选职业方向相关的专业，结合学校的具体

情况，制订方案，学好专业知识和技能。一个大学生应该是以就业为导向，了解专业，学好专业。

（一）对与专业相关的职业进行调查研究

了解与专业相关的职业，需要进行调查研究。可以同本专业的若干同学组成一个调查小组合作进行调查了解。我国的专业主要是以学科划分，它是人才培养规格的标志。因此，要尽可能清楚地了解专业的学科特征，了解学科门类中其他相关专业的基本情况，了解本专业人才培养规格的主要特征。

（二）了解学科特色

首先，要清楚所修专业属于哪一学科门类和哪一级学科类别。例如，道路桥梁工程专业属于工科门类、建筑设计类一级学科。其次，要对学科的基本特色有所了解，对其相近学科和本学科的前沿知识和发展动向有所了解。在对学科的内涵及生存发展的广度和深度进行了解的基础上，有效地把握所学专业在学科中的位置和生存发展空间。

（三）了解专业人才培养规格

不同学校同一专业人才培养的规格会有所差别。一般来说，各院校都会根据自身的学术水平、社会影响等对毕业生有一个基本的定位，各校人才培养都是根据这一定位来确定的。人才培养规格在高等教育精英化时代和大众化时代会有很大不同，从根本上来看，会受社会需求的制约。

了解专业人才培养规格，首先，要明确本专业是为谁培养毕业生，也就是明确本专业人才将进入的主要行业领域。其次，要明确本专业所培养的是哪种类型的人才，是应用型、研究型，还是复合型，是去做技术工作、管理工作、设计开发、统计分析，还是经贸营销。

（四）个人的职业发展方向与专业学习的关系

个人首先应该确定自己的职业发展方向，然后再考虑职业发展方向与专业的关系，要根据对自身性格、兴趣、爱好、能力、知识、职业倾向等的认识和了解，明确自己首选的职业——专业关系属于哪一种类型，进而依次排序。

职业发展需要的知识和技能很多，各专业的人才培养规格和学科特征提供了一系列的知识和技能的组合。大学生应该清楚自身通过专业学习所获得的知识和技能中哪些对职业发展有用，哪些用处较小；除专业学习获得的这些知识和技能之外，对于个人的职业发展还需要补充哪些知识和技能。通常情况下，专业的针对性越强，适应性越小；而适应性增加，则专业针对性或对专业知识、技能的掌握深度就会降低。适应性主要通过基础知识、基本技能和综合素质的培养来体现，专业性主要由专业知识和专业技能反映出来。

六、综合能力的培养

（一）职业层次

人们除了根据自己的能力确定自己的工作类型外，还应该根据自己的能力决定自己从事哪个层次上的工作，以达到人尽其才。一般把职业按照所要求的能力和责任度分为以下六个层次。

（1）非技能性工作：这种层次工作简单、普通，不要求独立的决策和创造能力。

（2）半技能性工作：要求在有限的工作范围里具有一些技能和知识，或具备一定程度的操作能力。

（3）技能性工作：要求具备熟练的技术、专业的知识和判断能力。

（4）半专业性和管理性工作：要求具备一定的专业知识或判断力，这种工作对他人要承担一定程度的责任。

（5）专业性工作：要求具备大量的知识和判断力，这种工作具有一定的责任和自主权。

（6）高级专业性和管理性工作：这种工作要求具有高水平的知识、智力和自主性，承担更多的决策和监督他人的责任。

（二）提高综合能力适应职业层次的要求

大学毕业生走向社会要胜任工作、取得发展，需要多种能力，如社会适应能力、人际交往能力、组织管理能力、表达能力、动手能力、创新能力、决策能力、沟通能力等。这些能力应在走上工作岗位之前有所准备，大学生在大学期间尤其应注重综合能力的自我培养。综合能力培养是高等教育的核心目标。大学毕业生的综合能力结构包括操作能力、认知能力、表达能力和综合适应能力。

操作能力是指履行岗位职责的动手能力，要求掌握应知应会的职业技术规范及任职上岗需要的职业技能。

认知能力是指选择并快速获取知识与信息的能力、观察判断事态和临场应变能力、运用知识进行技术分析和解决实际问题的能力、进行技术革新和设计发明的创新能力等。

表达能力是指语言表达、文字表达、数理统计和运用图表展示的能力。

综合适应能力主要是指组织管理能力、自我发展能力和业务交往及社会交际的能力等。培养综合能力的途径主要有以下几方面。

1. 积累知识

知识是能力的基础，勤奋是成功的钥匙。离开了知识的积累，能力就成了"无源之水"，而知识的积累要靠勤奋的学习来实现。如今的公司企业需要的是既懂理论、又懂技术的高素质、高技能的劳动者。如果我们的学生在校期间花大量的时间只学习了一些简单的技术，将来进入社会就满足不了新技术发展的需要。而内化了的理论知识主要是一种逻辑思维能力，这种能力无论在什么样的技术条件下都是必需的。因此，大学生在校期间，既要掌握书本上的知识和技能，更要掌握学习方法，学会学习，养成自学的习惯，充分利用有限的理论课学习时间，尽可能掌握较多的专业理论知识。只有这样，才能不断扩大知识面，为提高能力奠定基础。

2. 勤于实践

善于学习是培养能力的基础，实践是培养和提高能力的重要途径，是检验大学生是否学到知识的标准。因此，在大学期间，既要主动积极参加各种校园文化活动，又要勇于参与一些社会实践活动；既要认真参加社会调查活动，又要参加各种公益活动；既要积极参与校内外相结合的科学研究、科技协作、科技服务活动，又要热忱参加教育实习活动，参加学校举办的各种类型的学习班、培训班，担任家庭教师等。通过参与实践活动，不仅可以在广阔的社会舞台上接受锻炼，学到许多课本上学不到的知识，又能培养和锻炼自己的表达能力、组织管理能力、工作创新能力以及处理人际关系的能力。同时，通过这些活动，还可以增加对未来工作环境、工作性质、工作要求以及自己所学专业的应用范围的全面了解，从而发现自己的长处和不足，明确自己为适应未来工作再学习、再努力的方向。

3. 发展兴趣

兴趣包括直接兴趣和间接兴趣。大学生应该重点培养对学习的间接兴趣，以提高自身能力为目标鼓励自己学习。围绕所学专业发展自己的兴趣爱好，并以这些兴趣为契机，加强相关知识的学习和积累，注意发展自己的优势能力。

4.超越自我

作为一名大学生，应当注意发展自己的优势能力，但仅有优势能力是不够的，大学生必须对已经具备的能力有所拓展，不管其发展程度如何，这是他们今后生存的需要，也是发展的需要。因为现代社会是多维竞争的社会，增加了单一能力者的生存难度，同时也增加了企业的生存危机感。近年来用人单位对综合能力强的毕业生表现出的偏爱正说明了这点。因此不管是不是自己的兴趣所在，都必须注意全面发展自己的各种能力，要有超越自我的信心和勇气。

大学毕业生能力结构的特点是以应用为目的，突出理论技术和智力技能，辅之以经验技术和操作技能。大学毕业生应以适应职业岗位（群）为目标加强智力技能训练，注重技术能力培养，使自己具有获取知识和运用知识的实际能力和与之相应的方法技巧，并在此基础上培养创新意识和创新精神，提高创新能力，提倡个性发展。

无论什么专业，学校在制订专业教学计划时围绕培养目标和综合能力形成，将安排相应的教育教学活动，一般有理论教学、实践教学（实验、实训）、素质教育活动、课程设计、毕业设计等。大学毕业生应该积极完成每项教育教学内容和各项活动，努力提高自身的综合能力，以适应相应的职业层次。

七、身心素质的提升

身心素质包括人的身体素质和心理素质两方面。身心素质是思想政治素质、智能素质、职业道德素质的基础。一个人如果没有健康的身心素质，要想成就事业是不可能的。因此，各行各业均把大学生的身心素质是否健康作为首选条件。大学生必须正确认识身心素质的内涵，重视自己身心素质的培养。

身体素质指人的体质、体力和精力等方面，主要体现为力量素质、速度素质、灵敏性素质、耐力素质、柔韧性素质等。身体素质是人生存和发展的物质基础。大学生必须注意了解卫生保健知识，了解体育锻炼的基本知识，掌握科学的健身方法和用脑方法，养成良好的锻炼习惯和健康的生活方式，以培养健康的身体素质。

心理素质指人的心理发展水平以及心理对社会适应能力的综合品质。心理素质健全的主要标志是心理健康，心理健康与身体健康密切相关。世界卫生组织对健康的定义为：不但没有身体缺陷和疾病，还要有完整的生理、心理状态和社会适应能力。健全的心理素质是一个人健康的身体素质、道德素质、能力素质的基础。良好的心理素质是现代健康概念的重要指标之一，也是 21 世纪人才必备的素质之一。

大学生身心素质提升的主要途径有以下几点。

（一）科学用脑

心理是人脑对客观现实的主观反映。只有有健康的大脑，才能有健康的身体、正常的心理。

1. 勤于用脑

大脑用得越勤快，脑功能越发达。人的脑细胞约有140亿个，人所利用的只是一小部分，还有相当大的潜力需要人们去开发。智力水平与脑细胞之间建立神经联系密切相关，脑利用越多，神经联系也就建立得越丰富、越精密，脑也就变得越聪明。

2. 讲究用脑的最佳时间

有关资料研究表明，人的最佳用脑时间有很大的差异，大脑细胞处于兴奋的高峰期就是学习效率最高的时间。大学生只有在最佳时间用脑，才能提高学习效率。

3. 劳逸结合，多种活动交替进行

人的脑细胞有专门的分工，各司其职。经常轮换脑细胞的兴奋和抑制，可以减轻疲劳，提高效率。所以大学生要调节自己的学习，听说读写、写作计算，要交替进行，使兴奋和抑制有机结合。

4. 培养良好的生活习惯

节奏性是人脑的基本规律之一，大脑皮质的兴奋与抑制有节奏地交替进行，大脑才能发挥较大的效能。要使大脑兴奋和抑制有节奏，就要养成良好的生活习惯。按时起床、按时锻炼身体、按时上课、按时休息。良好的生活习惯，实际上是在大脑中建立一个动力定型，使大脑有节奏地工作和休息。良好的生活习惯还要去掉不良嗜好，要求大学生戒烟戒酒。同时，还要求大学生加强体育锻炼，促进血液循环，使大脑所需的氧气和营养得到充分吸收。

（二）正确认识并悦纳自己

良好的自我意识要求做到自知、自爱，其具体内涵是自尊、自信、自强、自制。一个人心理烦恼、焦虑、不安，往往出于对自己不满意，有些是因为只看到自己的弱点，而看不到自己的优点；有些是对自己的优点做了片面的夸大而看不到自己的弱点；有些则是忽略自身的条件而一味追求完美等。这些都是属于不能正确认识和悦纳自己的表现。大学生应该对自己充满自信，对他人深怀尊重；能够客观地认识、对待自己的优缺点，明白自己不是一无所能，也不是无所不能，不对自己提出苛刻的、非分的期望和要求；能够审时度势、灵活地选择自己的价值坐标，直面人生，正确对待得失成败。大学生正确认识并悦纳自己，避免心理冲突和情绪焦虑，心态宁静，充分挖掘和利用自己的潜能，高效率地学习和工作，最大限度地实现人生的价值。

（三）自觉控制和调节情绪

情绪对身体健康有重大影响。大学生希望有健康的身心，就必须保持乐观的情绪，在学习、生活和工作中有效地驾驭自己的情绪活动，自觉地控制和调节情绪。

（四）提高克服挫折的能力

人的生活道路不是一帆风顺的，在前进中，既有阳光大道，也有荆棘小路，遇到挫折是正常的，能否正确对待挫折、忍受挫折，是人身心健康与否的一个重要标志。大学生要维护和增进身心健康，就要提高克服挫折的能力。

第四章 大学生职业生涯决策

小到生活琐事,大到就业发展,"选择"无处不在。想要做出"选择",需要时间、学习、锻炼等方方面面的积累,想要把"选择"转变为"行动",则需要思考、规划、实践等扎扎实实地前行。把"选择"和"行动"放在职业生涯规划中,就是"职业生涯决策"。"万事皆有法",掌握实用的职业生涯决策方法会让职海之舵不偏移,助力大学生把定航向,乘风破浪。

第一节 职业生涯决策概述

职业生涯决策是职业生涯规划中非常重要的环节,既包含做决策的过程,也就是"如何做",也包含做决定的结果,也就是"做什么决定"。在经过自我认知、探索职业世界之后,大学生需要根据已经获取的信息做出初步的职业生涯决策,选择未来发展的大方向,再做细节选择。

一、职业生涯决策概念

职业生涯决策指的是根据各种条件,经过一系列的活动而进行的目标决定,以及为实现目标而制定优选的个人行动方案。总的来说,常见的职业生涯决策有以下三种：

第一种：确定无疑的决策，即所有的选择及其结果都非常清楚、明晰。

第二种：有一定风险的决策，即每种选择的结果并不能完全确定，但可以在一定程度上知道可能会有什么样的结果。

第三种：不确定的决策，即对于有哪些选择，各种选择会产生什么结果，几乎完全不清楚。

生活中的大多数决策都属于第二种，也就是说能获得一定的信息，做出某种预测和选择。当我们面临第三种选择时，可以先搜集信息，把它变成第二种决策。

在实际生活中，职业生涯决策的过程不是一个独立的步骤，而是一系列的过程，主要可以分为四个阶段：

第一个阶段：自我探索，包括对自身的职业兴趣、职业性格、职业技能、职业价值观的探索，以达到对自身清晰的自我认知。

第二个阶段：职业探索，主要包括对职业信息的了解、生涯发展路径的了解。

第三个阶段：资源探索，主要包括对自身可用资源的探索和评估。

第四个阶段：科学推理，在前三个阶段的基础上做出可行推理，从而做出正确的决策。

其中，科学推理阶段对大学生来说是最难的。首先，要在众多的选择中找到一个大方向，比如毕业后直接就业、考研、出国等；然后，需要在大方向中筛选出一些更为具体的小目标，比如想就职于哪个行业、哪个单位，想深造于哪所高校等；接下来，权衡不同的选择和小目标从而做出决定，同时接受"决定""妥协"两个反复的阶段；最后，大学生要能够承担决策的风险，面对未知的压力，对自己的决定负责。

二、职业生涯决策影响因素

职业生涯决策非常重要,会持续影响大学生未来的职业和发展,更需要注意的是,决策过程对某些大学生来说非常困难。有学者将职业生涯决策困难定义为"当一个人尚未或无法在潜在的职业选项中做出明智决定,以承诺投入特定的教育或职业领域"。

在一些特定的情况下,职业决策会受到很多因素阻碍和限制,影响大学生进行有效的决策。一般来说,职业生涯决策的影响因素包括个人因素、社会因素和其他因素。大学生对于这些影响因素有的能觉察到,有的不容易意识到,这些影响因素对每个大学生来说影响的程度也是不同的,了解这些因素有助于大学生梳理问题解决思路,做出合理的决策。

(一)个人因素

大学生是职业生涯决策的主体,个人因素起着决定性作用。个人与环境之间的高度复杂性是决策受多方面因素影响的原因,个人对环境以及对自身因素的判断与取舍,限制着个人职业生涯发展的宽度和广度。所以,在职业生涯决策的过程中,最关键的影响因素是个人因素,主要包括个人背景、内在涵养、职业能力和素养、经济需求、心理特征等方面。

1. 个人背景

不同年龄、性别、教育背景的大学生,会经历不同的职业生涯过程,个人背景的差异性会导致决策的不同。

2. 内在涵养

内在涵养是指个人修养、文化素养、道德水平,以及在体育、文艺、美术、音乐等方面的特长或天赋。

3. 职业能力和素养

职业能力和素养是指认知能力、分析能力、表达能力、组织能力、逻辑思维能力、语言能力、社交能力、业务能力、决断能力、解决问题的能力等。知识技能是决策者将信息转化成最终决策结果的关键。有些大学生在决策前已具备很好的自我认识，对自己的各种选择也很了解，但却做出了有偏差的职业决策；也有的同学曾经做了大量职业测试来了解自己的兴趣、天赋等个人特质，却依然做不出决策。这都是因为缺乏决策的必要知识技能。一些决策者常常由于决策经验有限或者对自身的决策能力缺乏自信而做出错误的决定。

4. 经济需求

薪酬决定着大学生的生活水平和事业发展的空间，影响着个人的精神生活和社会成就感，但过分看重起薪可能会错失适合自己的机会，甚至可能给职业生涯的后续发展带来巨大的麻烦。在做职业决策时，应充分考虑自身的经济情况，做出既满足生活所需又有发展空间的选择。

5. 心理特征

心理特征是指在特定时期的心理环境、精神状况和情感因素。心理特征具有明显的不确定性和即时性。从职业心理学的角度来说，职业兴趣、职业性格、职业技能、职业价值观构成了稳定的心理特性和倾向。大学生处于快速成长的阶段，心理状态容易发生较大波动，面对职业决策会感到压力和迷茫，及时调整好个人心理状态是把握好个人的前途和命运的关键因素。例如，大学生在决策过程中因为性格内向而产生抵触情绪，从而产生自卑，有可能做出错误或者存在偏差的职业决策。有的大学生还会焦虑、缺乏自我胜任感以及动机冲突等。还有的大学生过高地估计了自己的能力，产生了自傲的情绪。例如，认为自己就应该从事高层管理者的工作，不屑到基层中工作，这种情绪可能使决策结果偏离客观事实，不具有可实现性。

（二）社会因素

不同的社会环境将对大学生的生涯决策产生不同的影响。政治形势、社会价值观、经济、历史、文化环境都能够影响大学生对于决策的制定。同时，行业、用人单位对毕业生的需求、技能要求以及专业在社会中的发展状况等也是影响大学生决策的重要因素。

很多大学生在进行决策时，也会考虑地域因素。总的来说，市场化水平和经济增长水平相对较高的区域是大学生职业生涯发展的主要阵地，大学生在做职业决策时，应该结合区域经济的发展状况，选择或制定更加贴近自身状况的发展方案，实现职业生涯良好有序地发展。

（三）其他因素

在影响职业决策的所有因素当中，除了个人因素和社会因素，还有来自家庭方面和其他因素的影响。充分整合影响职业生涯发展的各个因素，有利于提高决策的合理性

1. 家庭因素

家庭因素对大学生的职业生涯决策有着直接的影响，既有积极的影响，也不乏消极的影响，其中主要包括家庭经济状况、家庭价值观和家庭社会关系三个方面的因素。

（1）家庭经济状况

家庭经济状况直接影响着大学生受教育的条件、对人生的态度、对精神生活的追求，对个人兴趣、性格、能力、价值观的形成都有着间接的作用。

(2)家庭价值观

父母在日常生活所呈现出来的样子是大学生最先观察到的，大学生父母、亲人的价值观共同决定着家庭对大学生灌输的价值观，在很大程度上决定了大学生的发展方向。有的大学生学业和发展出现了问题，可能不仅仅是学生本身的问题，也可能是一个家庭的问题。家庭和人际关系面临困境势必会影响职业决策者的决策过程。

有些家长能够客观评价孩子的决策结果并给予一定的指导，鼓励孩子完成职业规划。也有的学生家长根据自己的经验（也可能是对于某种客观事物的偏见）否定孩子的决策结果。例如，一些家长认为做营销策划工作的人要经常出差，与各种商家打交道，不太适合女孩子。甚至有的家长对学生的职业决策进行强制干预，不考虑孩子的兴趣、性格特征，只是按照自己的想法为孩子规划未来，使孩子的潜能不能得到有效的发挥。

研究发现，与家庭成员高度融洽或密切相关的大学生往往在决策中很难保持自己的情绪和心理上的独立。另外，家庭成员之间无法就义务、经济、责任、价值观等达成共识也会使学生的职业决策出现问题。

(3)家庭社会关系

家庭社会关系能为大学生提供相关就业资源和行业相关信息，使决策存在很大的延展空间。因此，在做职业决策时，需要大学生充分利用家庭资源，增加职业决策的科学性和可行性。

2. 成长环境因素

朋友、同龄群体对大学生的职业生涯决策的影响也是很大的，他们的职业价值观，对待个人发展的态度，思维、语言、行为特点等不可避免地会影响到决策本人对职业的偏好、对某一类职业的选择以及变换职业的可能性等。

3. 个人职业信息匮乏或膨胀

信息是决策的基础条件。在职业决策过程中所需的信息包括决策者的职业价值观、天赋、兴趣、个性等自身条件，还包括决策者所倾向的职业的相关信息，如行业目前的发展形势、对其中具体的工作人员的专业素质和知识结构的要求、如何获得满意的工作岗位、进入该行业需要注意的内容等。

如果大学生缺乏信息基础，可能会影响职业决策的有效性。同时在决策过程中还要对职业信息具有一定的甄别能力。"互联网＋"时代的信息呈现出过多以及过于复杂的现象，大学生可能因为客观环境的影响而获得了错误的信息，这些信息可能对其职业决策结果产生负面影响。

三、职业生涯决策原则

（一）社会需求原则

社会大环境要求大学生在做职业生涯决策时必须与社会需求相结合，以社会需求为出发点的决策才具备可行性和发展性，这是一个最基本的原则。

（二）兴趣发展原则

兴趣是最好的老师，职业生涯决策的结果要符合大学生本身的喜好。做自己喜欢的工作，能够有效地将兴趣转化为动力，最终成为事业发展的长久动力。但在做决策时，并非所有的决定都与兴趣有关，有的大学生对所学的专业或从事的工作并不感兴趣，但如果计划以此为职业，就应该尽快发展和培养职业兴趣。所以在决策时，不仅要选择自己喜欢的职业方向，更要主动去培养职业兴趣，从学习和工作中找到乐趣。

（三）能力胜任原则

在职业生涯决策过程中不仅要找到感兴趣的工作，更要找到擅长的工作。从事任何职业都要具备对应的职业技能，以便满足职业岗位的需要，同时也会让人有成就感。所以大学生在做职业生涯决策时，要对自己已经具备或即将具备的能力有所了解，根据自己的能力来判断是否能够胜任这个职业。

（四）利益整合原则

大学生进行职业生涯决策的目的是找到发展方向作为生活的依靠，满足自己的物质和精神方面的需求，获得幸福感。所以，职业回报、行业发展状况、生涯路径会使得大学生在职业生涯规划的全周期中展现收益的最大化。在进行生涯决策时，要考虑各方面利益的整合，如能否满足个人的物质需求和精神需求，职业发展前景怎么样，社会地位怎么样，个人的成就感如何，个人要付出的努力和代价是什么，最终这是一个整合的过程，来保障自己的利益最大化。

第二节　职业生涯决策理论

了解职业生涯决策理论有助于帮助大学生更好地理解职业生涯决策的方法，本节将介绍丁克里奇职业生涯决策风格理论和 PIC 模型理论。

一、丁克里奇职业生涯决策风格理论

丁克里奇（Dinklage）通过访谈形式得出结论：个人决策所采取的风格分为八种类型：

1. 烦恼型

此种类型的大学生过度收集信息，使用信息时又过度担心，甚至会花很多时间和精力来收集信息，确认有哪些选择，向咨询师咨询，反复比较却难以做出决定。烦恼型的大学生收集再多的信息进行分析比较也效果甚微，建议他们思考自己是被什么样的情绪和非理性观念所困扰而导致犹豫不定。

2. 冲动型

此种类型的大学生容易冲动地选择第一个能够实现的职业目标，不再考虑其他的选择或者进一步收集信息。其想法往往是先找到一份工作再说。冲动的决策方式风险太大，等到有更好的选择时他们会非常后悔。

3. 直觉型

此种类型的大学生把自己的直觉感受作为决策的依据，这在无法获得大量信息的时候会比较有效，但可行性和规划的延展性可能不符合事实，甚至可能会因自身的偏见与职业目标产生较大的偏差，建议此种类型的大学生调整决策风格。

4. 拖延型

此种类型的大学生时间观念较差，不断往后推迟决策，直到最后一刻才做决策，甚至是被迫做出可能不适合自己的决策。"我还没准备好去就业，先深造吧！""工作到了最后都能找到，不用担心。"是比较常见的拖延型决策，决策问题将由于拖延变得更难以解决。

5. 宿命型

此种类型的大学生自己不愿做决定，而把决定的权利交给别人或者命运，认为做什么选择都是一样的，直到机会到来时才做出决定。这类大学生心理状态大多比较无助，容易成为外部环境变化的受害者，他们应该主动说出决策问题，以寻求帮助或者鼓励。

6. 顺从型

此种类型的大学生过于依赖外界的指导，虽然想做决定，但是无法坚持己见，常会屈从于他人或是跟随大多数人的决定，可能在群体中获得了安全感，不过在决策过程中会忽略自身的独特性，将导致决策结果不适合未来职业的发展。

7. 瘫痪型

此种类型的大学生在接受决策任务时，会由于压力而过于焦虑，担心决定产生的结果，不愿意为结果负责，选择停滞不前来逃避做决策。这种心理可能与家庭在其成长过程中的教育和行为培养方式有关。

8. 计划型

此种类型的大学生是八种决策类型中最好的，能够准确、全面地说出自己对职业目标的选择标准和依据，以做出适当且明智的决策，同时还会对周围的人或事产生一定的积极影响，是应当积极提倡的决策类型。这种类型的大学生会意识到决策对于个人职业生涯发展的重要性，从而积极地收集职业信息，可能会使用标准化决策模型所推荐的理性策略主动解决问题。这种类型的大学生会根据具体的情形动态调整自己的选择。

二、PIC 模型理论

PIC 模型理论是由以色列职业心理学家盖蒂（Gati）提出的，其理论基础是排除理论，在生涯决策理论与实践中具有一定的参考与实践意义。P 代表排除阶段（prescreening），I 代表深度探索阶段（indepth exploration），C 代表选择阶段（choice）。

PIC 模型理论对于大学生职业生涯决策方案的选择通常都是多属性的，在选择过程的每一阶段，要挑选出某一属性或某一方面，根据重要性对其做出评价，排除不符合决策要求的属性，在以后的比较选择中不再继续考虑，直到剩下某种未排除的方面或属性时，再做出最后的选择。

1. 排除阶段

很多大学生在做职业决策时，备选的决策方案是很多的。排除阶段的目的就是将这些备选的决策方案数目减少，达到可操作的水平，以便决策者能够为每个方案收集广泛的信息，并且有效地加工这些信息。排除阶段可以分为三个步骤：

第一，初定有可能的方案。寻找有可能的方案是建立在个人对有关方面的偏好这一基础之上的，如个人的职业价值观、兴趣、能力、工作环境、培训时间、工作时间、人际关系类型等。

第二，根据重要性排序。按照自身的重视程度给可能的方案排序。

第三，排除不易操作的方案。根据重要性排序情况思考方案可接受的水平，排除与个人偏好不符的方案，直到剩余"有可能方案"的数目在可操作的范围内。

2. 深度探索阶段

这个阶段的目的是找到一些不仅是有可能的，而且是合适的方案，获得深度探索阶段的方案清单。首先，大学生要考查自己是否真正能达到方案核心层面规定的要求；其次，要考虑自身的教育背景、实践经验是否能够支撑方案的实施；最后，要考虑每个有方案的先决条件，比如相关的从业资格证书等。

3. 选择阶段

根据上两个阶段的分析，选择对于自身来说最合适的方案。首先要注意关注第二阶段得出方案的特点，将方案的优缺点进行比较，考虑方案之间的平衡挑选其一；其次，使用收集到的信息评估实现该方案的可能性，如果存在不确定性，建议回到前面的步骤，搜寻更多的、可能被认为是"次等的"但仍然适合的方案。

第三节 职业生涯决策方法与步骤

一、职业生涯决策方法

（一）SWOT 分析法

SWOT 分析法的提出者是哈佛商学院的安德鲁斯（Kenneth R. Andrews）教授，该分析法主要用于为企业中长期发展制定策略。近年来，它常用于职业生涯决策、管理、营销等领域，对大学生所处的情景进行全面、系统、准确的研究，从而根据研究结果制定相应的规划、战略、对策。SWOT 分析法在职业生涯决策中是一个非常有用的工具，大学生通过 SWOT 分析法，会较清楚地知道自己的优缺点在哪里，会评估出自己所感兴趣的不同职业道路的机会和威胁所在。总的来说，这种分析方法在实际运用中具有明显的科学合理性，因此可以将分析结果作为职业决策的主要依据。

SWOT 分析法，S 代表优势（strengths），W 代表劣势（weaknesses），O 代表机会（opportunities），T 代表威胁（threats）。优势、劣势属于内部因素，机会、威胁属于外部因素，由此，SWOT 分析法可以分为两部分：第一部分为 SW，主要用来分析个人条件；第二部分为 OT，主要用来分析外部条件。内外结合才能将个人的职业目标、个人条件、内外部环境有效结合起来。SWOT 分析主要包括以下四个步骤：

第一步：评估自身的优势和劣势。大学生要根据自己的价值观、性格、兴趣和技能找出自己的优势和劣势，也可以通过职业测评软件得出直观的分析结果。之后要努力去发挥优势，改善劣势，同时，要敢于放弃那些自己不擅长的、能力要求不易达到的职业，规避自己的劣势，在不断完善自己的职业能力的过程中提高职业素养。

第二步：找出自身的职业机会和威胁。机会与威胁都是并存的，不同的行业公司、职位都面临不同的外部机会和威胁，这些机会与威胁在很大程度上制约着职业生涯的发展。找出这些外界因素，对于大学生找到一份适合自己的工作是非常重要的，因为这些机会和威胁会影响第一份工作和职业发展。

第三步：确立中长期职业目标。列出 5 年内的职业目标，对所期望的每一个职业目标进行 SWOT 分析，同时思考自己想从事哪一种职业，希望拿到的薪酬范围，等等，这些目标必须发挥出自身优势，与行业提供的工作机会相匹配。

第四步：论证职业目标的可行性。为所列出的职业目标拟订一份具体的行动计划，结合 SWOT 分析中内外因素的优势与劣势，详细分析达到职业目标的可能性，分析为了实现每一个目标要做的每一件事，何时完成这些事。如果需要外界帮助，要分析需要何种帮助和如何获取这些帮助。比如，分析技术职位需具备的业务能力和创新能力，要获得预期的报酬需要具备的相关职业素养、专业技能等，这就需要大学生结合自身情况进行探讨，并对职业计划和行动进行理性的分析。

（二）CASVE 循环

无论在人生规划的哪个阶段，CASVE 循环都是解决职业决策问题的良方，我们可以把 CASVE 循环当作生涯决策的一个经典例子。同时，CASVE 循环还是信息加工理论的核心观点之一，与金字塔模型一起组成了认知信息加工理论的核心观点，如图 3-1 所示。

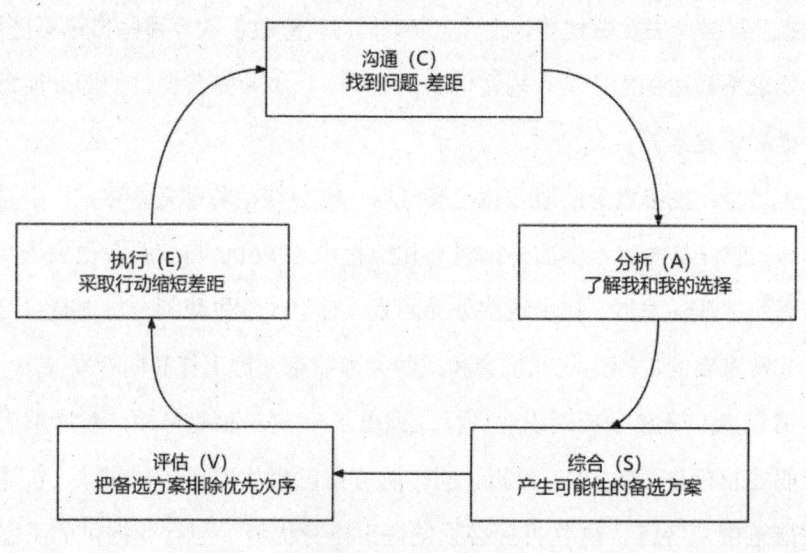

图 3-1 CASVE 循环

解决职业生涯问题不是一件事，而是一个过程，即一个包括五个步骤在内的 CASVE 过程。C 代表沟通（communication），A 代表分析（analysis），S 代表综合（synthesis），V 代表评估（value），E 代表执行（execution）。在开始这五个步骤之前，大学生一定要对自我认知有较清晰的定位，对职业环境有较全面的探索。

第一步，沟通。沟通是职业生涯决策的开始，可以通过内部沟通和外部沟通来完成，其目的是要明确自己需要做出选择的各个阶段，要开始寻找理想和现实之间的差距。大学生可以尝试问自己以下三个问题来做好沟通。

第一个问题是："理想与现实的差距到底在哪儿？"

例如，如果你想毕业时收获丰厚的待遇，现实中可能会达到吗？如果你想毕业时得到去国外顶尖大学深造的机会，你觉得凭借以往的学习状态，可能会达到吗？对于可以达到的目标，可以定得再稍微高一点，只要更努力就会有实现的可能，但对于很难达到的目标，我们要注意实现的可行性，一定要基于充分的自我认知和职业探索来思考可行的路。也就是说，要管理好自己的"野心"和"欲望"。

第二个问题是："对于未来的选择，已经迷茫多久了，要最晚在什么时间做出决策？"

很多人喜欢拖延，如果不讲求时间的限制，那么谈职业生涯决策就无从说起，因为根本没有尽头，迷茫会一直存在，直到外界的因素迫使大学生做出不得不接受的决定，这也会让大学生感到很被动。所以，要注意管理好自己的时间。

第三个问题是："可以自由选择未来的路的权利有多大？"

这是要帮助大学生澄清职业生涯决策中决策权的问题，比如，家人希望你继续深造，但是你想毕业后直接就业，那到底要如何选择未来的路呢？这就不是一个决策性的问题，而是一个适应性的问题。沟通可以化解适应性的问题，从而让大学生对未来更有底气。

第二步，分析。通过沟通，大学生发现了理想与现实的差距，在分析阶段，就要去考虑自己的选择会出现的各种可能性。这个步骤很重要，但是基于很多实际的生涯与就业咨询案例，很多大学生会简化或者跳过这个环节，直接过渡到下一个步骤，这样会弱化决策的根基，也就失去了规划的意义。

做好分析需要把握住最核心的问题，即"以最终目标为主线"。这会帮助大学生一边规划一边想明白自己的选择会出现的各种可能性，从而分析好每条路上可能出现的问题。建议大学生问自己三个问题，来明晰最终目标：

一是我最不想做什么样的工作、过什么样的生活。二是我最期待的工作和生活状态是什么，家人、朋友如何看待这种状态。三是我最佩服的人有什么生涯目标。

第三步，综合。综合主要是根据分析步骤得出的信息，设计出符合要求的方案，确定解决问题的方法。大学生一般对于未来会有很多设想，在深入分析后可以得出许多与自身较匹配的职业方向。综合就业是要去做减法，发散思考每一种方向的可能性，最后将目标方向压缩到 3～5 个，以达到最有效的可行方向。

第四步，评估。评估是对综合得出的目标进行详细的评估和排序。大学生需要评估自己从事目标行业的适应性以及对家庭的影响，按照优先顺序排序。比如可以问自己："这个行业为什么适合我？""对我的家人来说，我的选择会带来什么？"

第五步，执行。任何目标的实现都少不了踏踏实实的行动。执行是 CASVE 循环的最后一步，前四步都是为了执行所做的铺垫。要实现职业生涯的成功发展，关键还是要在执行步骤将所有规划付诸实践。在执行过程中，既需要制订可行的计划，还要积极地实践尝试并付诸行动。在行动中要评估设定的目标是否合理，是否符合自己的实际情况，如果不是，就要进行新的决策过程，再次回到沟通阶段，开始新一轮的 CASVE 循环，直到职业生涯中的问题被解决为止。

职业生涯规划是一个动态变化的过程，CASVE 循环正是通过循环思考引导大学生不断发现问题、解决问题，达成最终目标。

（三）决策平衡单

在职业生涯决策中，大学生常会犹豫应该取舍什么职业目标。

决策平衡单能帮助大学生具体分析每一个可能的方案，把各种规划进行细化、分析、整理，从而通过数据化排序，直观做出应该选择哪个职业目标的判断。CASVE 循环中的"评估"步骤可以通过决策平衡单来进行。

决策平衡单主要将决策的评估方向分为四个部分：自我物质方面的得失、他人物质方面的得失、自我精神方面的得失、他人精神方面的得失。决策平衡单具体使用步骤如下：

（1）选择想要比较的发展目标。比如考研、求职公司、基层就业、出国等。

（2）明确四个部分的具体内容。针对某一个可供选择的职业发展方向，列出自己所有的考虑因素，从对自己、其他重要的人等不同的角度，分析会带来怎样的得与失，分析这些得与失是否可以接受。

（3）拟订各因素的加权分值。根据自身情况考量各因素的重要性，根据考虑因素的重要程度，分别设定 1~5 的权重系数，重要程度越高，分值越高。

（4）为因素打分。因素的计分范围为-5~5 分，对大学生越重要的因素，分数越高，反之越低。将分数填在对应栏中，然后与权重相乘得出加权分数。

（5）计算总分进行决策。将各选项加权分数合计得出总分，一般总分最高的方案即为最优选择，但是在实际操作中大学生常会因为某个因素调整选择。

（四）5W 归纳法

5W 归纳法也是职业决策过程中经常使用的方法，在日常的学习生活中，可以通过依次回答 5 个问题得到的答案的交集来进行生涯决策。

问题 1：Who am I?（我是谁？）

这个问题的目的是引导大学生对自己进行深刻的反思，充分了解自己的优点，对自己有一个全面、客观、清醒的认识，把自己的性格特征、特长、能力等方面的优势挖掘出来，更加清晰地明确职业目标。

问题 2：What do I want?（我想做什么？）

这个问题的目的是引导大学生清楚地知道想要什么样的职业和什么样的生活。虽然随着年龄和经历的增长，每个人在不同阶段的兴趣发展不完全相同，但兴趣对职业的发展有重要的导向作用，可根据兴趣来锁定一个人的职业发展方向。

问题 3：What can I do?（我能够做什么？）

这个问题的目的是引导大学生清楚自己能干什么或者哪些方面可能有发展的潜力，是对自己能力的考量。如果说个人职业的定位必须以自身的实力、能力为根基，那么职业发展空间则取决于自身潜力的大小。除了要考虑个人的性格和特长等因素，对自身潜在能力的分析和预测也十分重要。职业的成功依赖于个人的能力，但职业发展的空间往往受个人潜力的限制。通过对潜能的考查，可以进一步缩小职业决策的目标范围。

问题 4：What can support me?（什么能支持我？）

这个问题的目的是引导大学生思考周围的环境资源哪些能够对自己有所支持，这种支持将有助于自我发展。可以从政治环境、经济环境、法制环境、科技环境、文化环境、朋友关系、社会人脉等方面进行综合考量。

问题 5：What can I be in the end?（我最终的职业目标是什么？）

这个问题的目的是引导大学生通过对前 4 个问题的思考，形成一个可行的职业生涯目标，以此来指引职业生涯规划的实施，从而确立个人职业生涯发展的最佳方向。

二、职业生涯决策步骤

大学生职业选择决策的具体过程主要是在自我认知、职业认知的基础上，通过分析专业、职业选择、职业定位、行业与职业外部环境需求与机遇等问题，面对外部客观职业世界的需要，知道自己的职业发展乃至人生发展的需要，最后做出决策的过程。结合本章关于职业生涯决策的定义、影响因素、理论、方法的讲解，现在总结出大学生在职业决策制定之前以及制定过程中一般需要完成的七个步骤。

（一）界定问题

界定问题即认识自我的过程，明确自己想要什么，自己对此存在哪些优势与不足，在此基础上制定出明确的目标和实现目标的时间表。

在这一步，大学生应注重自我职业决策意识的激发。只有当个人自觉意识到职业决策的重要意义才不会人云亦云，并且这种意识的培养必须从大学低年级开始。大一年级学生对于职业发展前景的信息常常存在一定的盲目性和不完备性。这就要求学生应该根据自身特点，包括身体、心理、兴趣以及能力等各个方面特点，尽早确定职业方向。同时还要注重参加学校组织的相关课程指导的学习，通过课堂学习、生涯人物访谈、职业实践认知等方面的锻炼加深对所学专业的了解；通过与专业教师的交流来了解本专业的职业定位，使自己的所学与社会职业相联系，并通过社会实践活动和职业实习真实地参与相应的职业活动，获得更多的工作经验，从而激发自我主动思考职业，提高职业决策意识和决策能力。

（二）拟订行动计划

拟订行动计划即收集与目标或目的有关的信息资料，在明确自己需求目标的基础上，思考可能达到目标的各种行动方案，并规划达成目标的流程。

在这一步要注意直面一定会存在的"决策风险"。决策风险，是指在决策活动中，由于主、客体等多种不确定因素的存在，而导致决策活动不能达到预期目的的可能性及其后果。如何降低决策风险，减少决策失误，是大学生在进行职业生涯规划中的主要顾虑之一。同样在生涯决策中，也存在着一定风险，既不能因为怕承担风险而迟迟不去做出决定，也不能因为总会有风险而莽撞地做出决定。

（三）澄清价值

澄清价值即界定个人的选择标准，明确自己最想要的是什么，以此作为评量各项方案的依据。

（四）找出可能的选择

找出可能的选择，即广泛收集资料，估算个人对于每个行动方案的喜好程度。

在这一步，大学生应及时、完整地收集有关职业决策和职业发展的信息，从而充分认识职业社会和真实的职场情况，还必须意识到职业决策是一个循环的过程，贯穿于整个在校学习期间。

（五）评估各种可能的选择

评估各种可能的选择即依据自己的选择标准和评分标准，逐一评价各种可能的选择，选择其中的一个方案执行。

在这一步要注意通过信息收集、自我评估以及实际的规划制定过程来不断检验，对于决策结果做出及时调整。

（六）为决策做减法

为决策做减法即要系统地删除不适合的方案，选择其中的最佳方案。

在这一步，大学生需要注意加强自身心理素质的培养，培养乐观开朗、积极向上的生活态度。在学习生活中应注意自身压力的排解，积极参加集体活动，加强同学之间的交流；自己在生活中不能处理的问题或矛盾应及时与家长或老师沟通。尤其在职业规划过程中应敢于发现自己的问题，并向老师、家长寻求帮助。

（七）开始行动

开始执行行动方案，以达成选定的职业目标。如若没有成功则可继续调整，采用其他可行的办法，做到随机应变。前文对职业生涯决策有了一个由表及里的分析和讲解，但是很多大学生在即将落实到行动上的时候打了退堂鼓，原因主要是存在职业生涯决策困难，导致无法有效做出明智的职业生涯决定。

在这一步，要注意以下三点：

1. 要对特定的职业生涯决策困难学会妥协

职业心理学家戈特·弗里德森（Gott Fredson）提出的职业抱负发展理论认为职业抱负发展经历两个过程：范围限定和妥协。所谓范围限定，就是一个从可能的职业范围中逐渐去除不可接受的工作，从而建立"可接受领域"的过程，即从所处文化允许的范围内开辟出一个可选空间的过程。所以职业选择考虑的首先应是社会，然后才是心理自我。妥协则是个体放弃他们最为优先考虑的选项的过程，是调整自己的期望以适应外在现实的过程。所以从某种意义上说，能够妥协是职业成熟的表现。

建议大学生有准备地在三个方面进行职业妥协：发展机会、人职匹配和社会期望。有研究表明在职业妥协的这三个方面，人职匹配对工作投入的负面影响最大，其次是发展机会的妥协，而社会期望妥协不会对工作投入产生显著影响。因而建议在进行职业决策时，应该首先考虑职业与自身的兴趣、技能和知识等的匹配程度，其次考虑工作未来的发展机会，他人和社会的看法只作为参考。从妥协的角度来说，建议最先妥协他人和社会的看法，其次是工作未来的发展机会，最后是人职匹配。

对于大学生来说，有的人在职业妥协时显得很不理性，盲目听从他人建议，或者绝不妥协。这些不理性的妥协行为会影响个人的职业发展。但是需要注意的是，也不是每个人都要按照固定的顺序来进行职业妥协，而是应该根据自己的实际情况，选择最适合自己、最适合当下的方式。

2. 要勇于为自己的选择负责

大部分的决策都不可能让我们了解到全部信息，都有需要预测的部分，都具有不确定性和风险。因此，做决策就意味着要承担风险，要承担后果，为自己的选择负责。

如果同学们是凡事求稳妥的人，建议给自己设定一个底线，在底线的基础上去冒险。例如，你决定毕业后先工作，可以先给自己设定一个底线——只要找到一份能支付自己生活费的工作就行，然后在这个基础上为自己更想要的选择做准备。

例如，将来你希望能进一所重点中学做老师，现在可以先做兼职家教，也可以去一些校外辅导机构实习，积累教学经验。

如果你是一个非常喜欢冒险的人，也建议你给自己设定一个底线，在底线的基础上可以去冒险。如果不设定底线，就需要充分做好面对失败的准备。

3. 要学会应对未知的焦虑

在生涯决策的过程中，有很多时候会面临未知，人面对未知的世界难免会产生焦虑，这种焦虑是很正常的。例如决定要考研，但不确定自己是否能考上，就需要积极面对自身的焦虑。如果这种焦虑已经影响到你的正常生活和学习，这时就需要专业求助。

第五章　大学生职业生涯规划与管理

很多人在求职过程中都被面试官问过："你未来3~5年的职业生涯规划是什么？"如果求职者对自身的职业生涯有规划，自然能够应答自如，否则，求职者就会感到迷茫。事实上，职业生涯是人类生存发展和生活的重要组成部分。大学生作为未来的职场人，"未来的职业发展是怎么样的？""职场出路在哪里？""可以做哪些事情来促进职业发展？""如何制订职业生涯发展计划并采取行动来实施计划？"等是其要思考的问题。针对这些问题，本章将从职业意识的发展、职业生涯管理的措施和职业生涯目标的实现等方面进行解答。

第一节　职业意识的发展

职业意识是人脑对职业的反应，是人们对职业劳动的认识、评价、情感和态度等心理成分的综合反映，是支配和调控全部职业行为和职业活动的调节枢纽。职业意识主要包括职业道德和职业能力两个方面，它以基本职业知识为基础，以对职业价值的理性认识为核心。

对于刚步入大学的大学生来说，其职业意识并不强。等到大学生毕业并进入职场后，其职业意识才开始慢慢得到强化。由于人不可能离开社会独立存在，在这一过程中，人就会产生职业意识。总而言之，职业意识的出现既离不开个体的主动学习，也离不开社会的积极教化。

对于个体来说，找到一份适合自己的职业是其一生中至关重要的事情之一，对于刚刚步入职场的大学生来说亦是如此。而大学生能否找到一份适合自己的职业与其是否具备良好的、科学的职业意识密切相关。良好的、科学的职业意识有助于大学生尽快做出自己的职业选择，顺利发展自己的职业生涯，从而促进个人事业的成功。由此可见，职业意识既是大学生实施"学以致用"理念的出发点，又是其学习的动力之一，还是其优化职业生涯规划的心理前提。职业意识在职业生涯规划中具有无可替代的积极作用，良好的、科学的职业意识有利于优化大学生职业生涯规划的预期指标和指标的组合关系，有利于加快大学生职业生涯规划实现的速度。

一、职业意识对职业发展的意义

职业意识的培养对于个体职业社会化乃至其将来的发展都有极为重要的意义，即大学生职业意识的教育也是终身教育。职业意识对职场发展的意义具体体现在以下三个方面。

（一）有助于职业兴趣和职业理想的产生

实际上，个体在选择未来的职业时，会融入自己对未来的憧憬以及对现实情形的考虑，即职业意识是个体基于职业问题所产生的心理活动。换言之，个体的职业意识会影响其择业态度与择业方式。当个体形成了积极、合理的职业意识后，就会对未来所从事的职业产生浓厚的兴趣，从而对职业有所期望，形成职业理想，希望借助职业平台实现个人理想和价值。而职业兴趣又与职业能力正相关，浓厚的职业兴趣能够促进个体提升职业能力，有助于其职业理想的实现。

（二）有助于个人职业选择的顺利实现

职业生涯的顺利发展离不开最开始的职业选择，具备积极职业意识的人在开始进行职业选择时，会通过各种方式掌握更多的职业信息。而对求职领域的了解情况、对所从事职业或岗位的熟悉情况等都与后续的求职顺利与否息息相关。大学生在择业前掌握各种与求职相关的技能，可以在众多求职者中脱颖而出。因此，尽早培养求职意识是当代大学生能在毕业求职季或将来跳槽时顺利实现职业选择的基础。

（三）有助于个人合理定位职业期望

对于一个人来说，他所选择的职业方向、职业目标等都取决于他的职业意识。具有积极职业意识的人会对自己的职业目标进行合理的规划，如在选择职业时积极调整自己的思维与行为，在工作时努力提升职业为自己带来的幸福感等。然而，也有很多人不能够正确认识并合理定位自己的职业期望，进而影响到其职业发展。如果个体对职业期望过高，就会导致其不能虚心接受他人的意见，难以服从上级的管理，无法接受社会地位不高的职业；如果个体对职业期望过低，就会影响其能力的发挥，甚至还会出现人才浪费、专业不对口等问题。

二、职业意识的构成要素

职业意识是一个随着求职者职业选择的到来而逐步形成的心理过程，伴随着个体的成长及其后续的职业发展，涉及个体的整个职业生涯。一般认为，职业意识包括职业价值观、职场定位、职业理想、职业风险意识以及职业规划和调适意识。职业价值观是个体在择业、就业中价值取向的表现，它决定了个体的职业定位；职场定位是指考虑个体的天赋、兴趣、价值观、需要和愿景等，并将以上因素与职业市场相结合，明确个体在职业上的发展方向；职业理想是个体在职业中的目标所在，反映了个体对职业的追求；职业风险意识是个体对职业目标的不确定性的整体把握；职业规划和调适意识是个体对整个职业生涯的规划，以及对职业生涯规划的调整与适应。

（一）职业价值观

职业价值观是职业意识的核心内容之一，它支配着一个人在整个职业生涯中的行为，包括从最开始的职业选择到后续的岗位适应或者更换单位或职业。我国就业体制的改革使大学生有了自主择业的机会，同时，大学生的职业价值观也发生了翻天覆地的变化，实现了从"服从国家分配"到"实现自我价值"的转变。当前，大学生职业理想功利性、职业选择随意性等问题的产生都是职业价值取向偏颇的表现。对此，大学生的职业发展应从树立正确的职业价值观开始。

研究表明，个体越明确自身的职业价值观，就越能做出有效的职业生涯决策。当前，部分大学生受社会不良风气的影响，考虑问题过于片面，忽略了应关注的主流价值观，导致自身价值观扭曲，频繁地跳槽，这不利于大学生职业生涯的发展。

综上所述，大学生应该树立正确的职业价值观，克服浮躁情绪，踏踏实实地工作，积累一定的经验，等职业发展道路走得更顺畅、更远之后，再考虑到更有利于自身职业发展的企业工作。同时，大学生的职业价值观还应与国家需要相统一，以服务地区经济发展。个体需求只有融入社会需求的大环境中，其岗位才是社会所需要的，是这一行业和国家重点发展的，其职业发展才可能不断走上坡路。

（二）职场定位

俗话说，眼界决定境界，思路决定出路，定位决定地位。由此可见，定位在个人发展中占有重要地位。现如今，职场定位已经成为个体职业生涯规划中不可或缺的一部分，个体对于自己的职场目标定位在很大程度上决定了其未来发展的高度。例如，如果个体认为自己只能胜任一名普通职员的工作，其通常就会以一个普通职员的标准来要求自己，那么其终将只是一名普通职员，而很难成为经理、总监等。由此可见，职场目标定位很重要，大学生若能以一个较高职位的标准来要求自己，激励自己不断向高标准看齐，那么其就会获取更大的进步。

毕业后的三到五年是大学生对情感、生活、职业进行定位的时期，这一时期对于大学生来说至关重要。对于刚进入职场的大学毕业生来说，刚开始的职场定位是决定其职业发展的关键，大学生只有在职场上找到准确的定位，并在某一方向深入积累下去，才能使自己获得更好的职业发展。

（三）职业理想

理想对人的作用不言而喻。职业理想是人们理想中最重要的内容之一，是个体在职场奋斗的灯塔，也是工作动力的源泉。职业理想是指个体对未来的工作部门、工作种类及在工作上达到何种成就的向往和追求。个体只有拥有了职业理想才会有职业目标，才会更加明确自己的奋斗方向，才会更有奋斗动力。或许，个体最终没有实现自己的职业理想，但是在为这个理想目标奋斗的过程中，个体也会获得很大的进步。

大学生的职业理想具体可以通过生涯幻游法来确定。生涯幻游法是一种个体在身心完全放松的情况下，跟随职业规划师的引导所产生的对未来的大胆假设，用于深入探索个体价值观、性格、兴趣、核心技术等个人基本特质及未来决策目标的生涯辅导技术。生涯幻游法是职业生涯规划中的一种进行自我认知的非正式评估方法，可以帮助大学生合理地剖析自我，挖掘自我潜能，从而为其未来的职业生涯规划及决策奠定坚实的基础。

（四）职业风险意识

在目标的实现过程中，任何目标都会存在或有利或不利的不确定性，这种不确定性就是人们常说的风险。为了有效地规避风险，大学生不仅需要具备职业风险意识，还要对职业风险有一定的认识。职业风险主要有以下四种类型。

第一，职业生存风险。职业的选择是个体基于基本的生存做出的。在当前的就业形势下，大学生应该先求生存，再求发展。然而，由于我国的教育长期遵循"精英教育"的模式，"精英就业"的观念在大学生中也很普遍，这种观念使得他们毕业后选择在大城市、沿海地区或发达地区工作，并想要找到一份受人尊敬的、高薪的、体面的工作。这些不切实际和过时的就业观念可能会导致大学生出现生存危机。特别是"90后"，他们虽然已经成为职场的主力军，但他们当中的一部分人习惯了父母对自己的百般呵护，对父母有很强的依赖性，而且他们不是为了生存而工作，这使得此类人不会有工作是生存的工具的紧迫感和不安感，最终导致其难以在职场生存。

第二，结构性失业风险。结构性失业风险是指由于经济结构变化而引起的失业。事实上，造成结构性失业风险的原因有很多，如高校专业与市场需求的不匹配等。

第三，职业岗位风险。职业岗位风险是指与工作相关的人身伤害、精神压力、责任感和发展机会等发生的可能性。不同的职位对从业人员有不同的要求。例如，有些职位非常辛苦，个体需要承受巨大的心理压力，但该职位有更多的发展机会、更光明的未来；有些职位相对来说很轻松，个体也不需要承受太大的压力，但该职位的发展机会很少；有些职位极具挑战性，个体需要不断学习新的知识和技能；有些职位的工作是程式化的，个体不需要掌握太多的新技能。对此，大学生在选择职业时应该考虑各种情况，只有这样才能更有效地把握职业发展的轨迹。

第四，跳槽风险。跳槽虽然可以为大学生提供新的发展机会，但也存在极大的风险性，如新公司的发展前景不确定、跳槽后自身无法适应新的工作环境、实际工作内容与招聘工作完全不相符等。

综上所述，我们可以发现，大学生在进入职场和适应职场的过程中，会面临很多职业风险，如果大学生不具备一定的职业风险意识，那么其必然无法在职场中生存下去。因此，大学生要想顺利就业并在职业中有所发展，必须具备一定的职业风险意识。

（五）职业规划和调适意识

随着社会的进步、经济的发展以及生活环境的急剧变化，工作的性质、场所等都发生了变化。对此，大学生不仅需要对自己的职业生涯进行规划，还需要根据社会的变化对已有的规划进行及时调整。当职业生涯规划目标正确而现实执行出现偏差时，大学生应及时调整偏差，与职业规划目标相适应；当现实中出现一定的因素影响职业生涯规划目标的实现时，大学生应及时调整职业生涯规划，与现实相适应。只有这样，大学生才能在面对新的复杂形势时尽快适应岗位，抓住最佳机会，发展自己的职业生涯。

三、职业意识缺乏的表现

随着社会主义市场经济的快速发展，大学生的就业形势也发生了深刻的变化。虽然大部分大学生在校期间通过不断学习掌握了各种专业知识，提高了个人综合素质，希望能够在个人职业生涯中实现自我价值，但是事实却不尽如人意。近年来，大学毕业生的数量不断增加，使得原本就已经较为严峻的就业形势变得更加严峻复杂，造成了"僧多粥少"的局面，同时，大学生缺乏职业意识和职业规划又在一定程度上增加了其就业的困难程度。大学生职业意识的缺乏具体表现在以下三个方面。

（一）职业理想功利性

现如今，随着社会的不断进步以及经济的快速发展，整个社会对经济利益有了明显的偏向性，滋生出了拜金主义、个人主义和享乐主义等不良思想。在这种大环境下，大学生也不可避免地受到了影响，最为明显的表现就是大学生在择业过程中的功利色彩越来越重。具体而言，一些大学生在择业时，只注重所选的工作能否为自己带来声望、利益，而忽视了职业的发展，以及自我价值和自我理想的实现。在很多大学生眼中，只有社会地位高的职业才能证明自己的实力。还有一些大学生将薪酬作为择业的唯一标准,在校期间不顾已经签订的就业协议书而单方面违约,毕业后不顾已经签订的劳动合同而频繁跳槽。以上都是大学生职业理想功利性的表现。

(二)职业选择随意性

大学生职业选择的随意性表现为,大学生在就业过程中缺乏职业意识,或者职业意识缺乏科学性和主动性,没有明确的职业目标,导致其随意就业。在实际生活中,许多大学生在找工作时,由于没有明确的工作目标,"广撒网"现象非常普遍,使得他们对职业的选择比较随意,常常被动就业。从本质上分析,造成这一现象的原因是大学生缺乏职业意识。

此外,大学生职业选择的随意性还表现为,当大学生面对就业机会时,只能根据有限的外部职业信息,如工资、地理环境、组织规模、知名度等做出职业选择。这样的职业生涯决策无疑是缺乏科学性、合理性的,必然会导致人员与工作的不匹配,造成人力资本的浪费,增加招聘企业的用工成本,也会影响大学生自身的发展。

(三)择业依赖性

求职的艰苦和近年来就业形势的日益严峻,使大学生在求职过程中对父母产生了越来越重的依赖性。很多用人单位都提到,有些大学生有很强的依赖性,他们在做事时,总是不够果断,很容易被他人影响,特别是对父母依赖性较强的大学生,很难做好领导交代的任务,因此招聘单位一般不会聘用这些具有很强依赖性的大学生。虽然大学生通过其他人的帮助有时的确能够找到好的工作,但是从长远的角度来看,如果大学生总是依靠其他人的帮助,就会助长其自身的惰性,对个人职业的发展极其不利。需要注意的是,这些大学生之所以有很强的依赖性，是因为缺少自信。对此，大学生应培养自信心，摆脱对父母的依赖，从而完成职业生涯规划，实现自己的职业目标。

（四）职业定位片面性

大学生职业意识的缺乏还表现为职业定位具有片面性。职业定位片面性的主要表现是，更注重薪酬、福利待遇、工作环境、工作的轻松舒适度等外部因素，而不在意自身与职业的匹配程度。实际上，职业选择是职业决策的重要组成部分，对大学生来说至关重要。因此，大学生在进行职业选择时，一定要综合考虑多方面的因素，除了考虑职位的特性，还要考虑自己的价值观、兴趣、技能等个性特征，并着重考虑自己的个性特征与职位要求是否相符。也就是说，大学生要有明确的自我认知和职业认知，这是其进行职业选择的前提。

总的来说，大学生只有正确分析职业和自身的个性特征，才能选择适合自己个性的职业，实现个人与职业的完美匹配。否则，结果只能是大学生不能适应职业的要求，或不能充分发挥自己的个性，以致自己频繁地、毫无目的地更换工作，给自己职业生涯的发展带来不利的影响。

四、职业意识的培养

职业是实现人生价值的舞台。为了更好地实现自己的人生价值，大学生有必要培养自己的职业意识。下面将分析大学生应该从哪些方面培养自己的职业意识，具体内容如下。

（一）素质意识的培养

决定个体成功的因素有很多，不仅包括技能和知识，还包括素质和价值观等。而且，企业对员工素质的要求比对技能和知识的要求还要严格，这是因为全体员工的素质意识的总和构成了企业文化，企业文化是指导企业进行生产经营的基本价值理念，是企业共同的思想、作风、价值观和行为准则，是企业发展的关键，关乎企业的成败。因此，大学生要努力提升自己的综合素质，而不仅仅是提升自己的技能和知识。

（二）奉献意识的培养

职业意识是从业人员的根本素质，是一个从业人员的必备品质。拥有职业意识的人往往能工作积极认真，对他人友善，富有社会责任感，乐于助人，有基本的职业道德。要想真正领悟职业意识的内涵，大学生必须做到任劳任怨，激发自己恪尽职守、爱岗敬业的精神，提高无私奉献的意识。

（三）创新意识的培养

创新是一个民族进步的灵魂，是一个国家兴旺发达的不竭动力。创新能力是一种综合能力，要求个体具有强烈的创造欲望、敏锐的观察力、高超的记忆力和良好的思维能力；要求个体摆脱传统的中庸观念，以开放的态度对待新思想，积极思考未经检验的假设。创新意识的培养需要深厚的知识积累、科学的论证和持之以恒的毅力。对此，大学生应特别注意培养自己的科学思维，主要是发散思维，即学会从不同的角度、用不同的方法解决同一个问题。

（四）团队意识的培养

汪中求说过："团队就是格式化。经过格式化的模式，达到一定默契的队伍就叫团队，否则只能叫乌合之众，是不可能有战斗力的。所以团队必须严格地要求，格式化地操作。"个人英雄主义的时代已经过去了，在这个快节奏的时代，合作比单打独斗更重要。无论一个人有多强大，他都不可能在没有他人帮助的情况下完成所有的工作，一项任务的顺利完成通常是许多人共同努力的结果。实践证明，一个人的职业活动总是与一定的职业群体联系在一起，离不开伙伴的支持与合作。特别是在生产力飞速发展的今天，劳动分工越来越细化，劳动过程也越来越专业化、社会化，因此个体拥有团队意识是十分必要的。同时，行业间相互支持、相互制约、相互促进的发展趋势也促使人们学会团结合作。因此，大学生要加强自身团队意识的培养。

（五）学习意识的培养

大学生只有具备不断学习的能力，才能不断地进行技术创新，从而适应时代的要求。这里的"学习"是指，大学生要更新原有的专业知识，掌握新的技能，结合各学科的知识来发展和提高自己。同时，大学生不仅要"学会"，而且要"会学"，掌握正确的学习方法，将有用的知识转化为能力，真正成为社会所需要的高素质人才。实践证明，职业教育必须贯穿整个大学教育，并与专业教育紧密结合。

俗话说，"今天学习不努力，明天努力找工作"，这句话可以帮助大学生找到职业意识培养的最佳突破口。大学生必须有意识地培养自己的职业意识，只有这样才能在真正进入企业或用人单位工作时，体现出自己专业的一面，从而促进自己职业生涯的发展。

综上所述，职业意识是大学生职业生涯的路线图，是大学生规划职业生涯的必要武器。大学生只有具备较强的职业意识，才能明确自己职业发展的方向，提高自己的职业素质和能力，增强自己的就业竞争力。

第二节 职业生涯管理的措施

一、确定职业目标和路径，主动适应职业生活

在不同阶段，个体的体能、精力、技能、经验、为人处世方式等有很大的不同，因此个体设定各个阶段的职业目标和路径具有十分重要的意义。实际上，大学生设定各个阶段的目标，可以使其职业生涯发展变得更加顺利，人生变得更加精彩。

从进入工作岗位的第一天开始，大学生就需要思考以下问题：从学生身份向企业员工身份转变的过程中会遇到哪些问题；该如何迎接职业生涯中第一天及第一个月的工作；作为一名新员工，如何才能更快地融入公司；如何与其他员工建立融洽的人际关系；等等。实际上，大部分大学生能够正确预测自己的工作待遇，但是往往会低估自己在前几个月需要为工作付出的时间和精力。另外，大学生刚刚进入公司，很多东西需要从头开始学习，但是学习的反馈期比较长，这就导致大学生在刚入职时可能会出现心理或生理上的问题。例如，在校园中，学习的反馈每学期可能有 3~4 次，甚至更多，但是在工作上，大学生有可能每 3 到 6 个月才能从老师那里得到一次模糊的反馈。

为了有效避免以上情况的发生，大学生需要尽快确定个人的短期目标，并尽快缩小目标与自己能力之间的差距。假设 A 某是一位刚步入临床医师岗位的职场新人，岗位要求 A 某做到：充分了解、熟悉循环系统结构与功能，能够独立完成心血管内科常见病的诊断与治疗。同时，单位能够为 A 某提供进一步学习的空间，提供比较先进的医疗基础设施和不错的工作环境，提供较稳定的物质生活保障。面对以上岗位要求和单位提供的条件，A 某从入职试用期开始就需要根据岗位要求与单位标准对比自身存在的不足与差距，并制定切实可行的方案来弥补自己的不足，具体包括：每天利用一个小时学习理论基础知识，积极参加专业技能培训，虚心向前辈请教并努力积累临床经验，在业务与人际关系方面不断自我完善，积极参与相关专业的科研项目，正确面对困难，降低自己不现实的期待，学会在克服困难中进步等。A 某可以此来提升自己的能力，并使自己尽快融入新环境。

二、进行印象管理，获得支持

印象管理是指人们试图控制他人对自己印象的形成过程。具体来说，这是一种控制自己想要在社交过程中给别人留下的形象和印象的方法和技术。这样做的目的是寻求与他人最大限度的一致，具体方法是通过识别他人的特征有选择地表达自己的特质。

在交流过程中，大学生应该确定自己所处的环境，确定自己在环境中的角色，并相应地选择自己的行为、衣着、面部表情或姿势。这些行为可以帮助大学生定义自己并向他人传达自己的形象和身份信息，以及自己被他人如何看待的愿望。

对于大学生来说，印象管理应该从工作的第一天开始，从人际关系的角度来看，人们对彼此的第一印象是交流和发展的重要基础。基于此，新入职的大学生要想迅速融入单位，一定要表现出较高的道德修养和较强的业务能力，以给他人留下好的印象，如在入职第一天合理着装等。除了着装，新入职的大学生还需要具有保护单位财产的意识和保密意识，如在工作中不能将单位的器材设备用于私人借出，不能将单位的人员信息或者单位近期的项目泄露出去等。如果大学生有以上类似行为，就会给领导和同事留下不好的印象，不利于其个人职业生涯的发展。此外，新入职的大学生还需要从表现积极态度的小事做起，以更好地展示自己。具体而言，大学生要努力工作，充分发挥自己的能力，用实际行动证明自己的能力；大学生要将自己的职业追求与理想告知用人单位，并获得支持。需要注意的是，大学生在展示自己时，一定要学会运用策略，从而更好地得到组织的支持及认可。

三、妥善处理工作与家庭的关系

工作压力普遍存在于国内外的在职员工中，造成员工产生工作压力的原因是多方面的，具体而言，个人、家庭、社会都会对员工造成压力。需要注意的是，压力不会因逃避而减少，所以大学生应积极面对这种压力，学会化压力为动力，从而保证自己的职业生涯顺利发展。

基于个人的角度，大学生在工作中应该保持良好的习惯，提升心理素质，做好时间管理，培养良好的人际关系。当压力较大时，大学生要学会释放压力，如可以通过运动、短期旅行等方法来分散注意力，从而缓解自己的压力。

基于家庭的角度，每个个体在家庭中都扮演着不同的角色，需要承担不同的责任，每个个体都会面临如何权衡工作和家庭的问题。然而，除了在家庭中要承担相应的责任，大学生在工作中也要承担相应的责任。换言之，大学生在家庭中耗费的时间、精力以及情感等，在工作中也同样如此。如果大学生将情感、时间、精力等过多地放在工作上，那么就会对家庭生活造成影响；如果大学生将情感、时间、精力等过多地放到家庭中，那么就会影响到工作。对此，大学生必须学会权衡工作与家庭的关系，如可以与公司协调、与家庭成员及时沟通交流等。

四、保持"空杯"心态，为职业发展持续"添水"

大学生进入职场后会遇到各种各样的员工，其中不乏具有工匠精神的优秀员工，当然也有安于现状、没有追求、对待工作得过且过、缺乏责任心的员工。产生这种现象的根本原因在于个体在职场时间久了，掌握并适应了职场规则，对日复一日的工作失去了新鲜感。时间越久，对职场环境就越熟悉，同事之间的摩擦也就越多，很多人就会丧失对工作的敬畏之心。再加上，个体成家以后对家庭琐事的过度忧虑，使其难以全身心地投入工作，而其又不愿意去改变现状，从而造成了恶性循环。作为职场新人，大学生觉得什么都是新鲜的，对未知的领域充满了好奇。虽然大学生不懂的技术或不会的工作还很多，但是如果他们能够保持那种探索未知领域、渴望知识的"空杯"心态，然后从点到面地进行系统学习，那么，终有一天他们会成为真正的具有工匠情怀和专业素质的职场人。

第三节 职业生涯目标的实现

本节主要研究大学生如何实现自己在职业生涯规划中制定的目标，具体包括：如何制定职业生涯目标，如何分解职业生涯目标，实现职业生涯目标的准备工作，以及如何实现职业生涯目标。

一、设定职业生涯目标

（一）目标

目标是指个体为了达到自己的目的，而进行的预想与安排，并为之做出不懈的努力。需要注意的是，目标的形成与个体的需求密切相关。换言之，正是因为个体有了需求，才产生了目标。对于大学生而言，要想明确自己生活、学习的方向，就需要为自己树立一个目标，从而激励自己为实现目标而奋斗。实际上，人生目标属于非智力因素，只有设定了目标，并为之不断努力，才可能取得成功。由此可见，设定目标对于大学生的学习和成长具有重要的意义。首先，现实生活中存在很大的不确定性，大学生应该为自己设立目标，将这种不确定性转变为确定性，从而使自己得以安身立命。其次，现实生活是复杂的，树立目标可以帮助大学生明确前进的方向与道路。最后，在人生的道路上，人们会遇到很多挫折与困难，大学生需要为自己设立一个目标，鼓励自己勇于面对困难，不断前进。

总的来说，目标对于个体而言十分重要，目标可以激励个体不断前进，在个体想要放弃时给予其前进的动力。需要注意的是，对于梦想、理想、目标之间的关系,很多人容易混淆,因此本书在这里对这三者进行区分。梦想是虚幻的,理想是现实的,目标需要通过行动去实现。

(二)职业生涯目标

一般情况下,如果问一个上班族他的职业生涯目标是什么,大概会得到这样的答案:"我要在多久时间内达到月薪多少""几年之内升到某个职位"等。当然,大部分人都有这样的追求,但是职业目标的内容远远不止于此。职业生涯目标包含两个非常重要的概念,即外职业生涯和内职业生涯。外职业生涯是指从事一种职业时的职务目标、工作内容、经济收入、工作时间、工作环境、工作地点等因素的组合及其变化的过程。内职业生涯是指从事一种职业时的知识、能力、观念经验、心理素质、成果及其内心情感等因素的组合及其变化的过程。

外职业生涯,顾名思义,是影响职业生涯发展的外因。外职业生涯的构成要素往往是他人给予的,但是也容易被他人剥夺。举例来说,当个体去用人单位面试时,其想要得到的薪资待遇并不是自己可以决定的,而是由用人单位决定的。换言之,哪怕个体在初入职时薪水很高,假如他无法为公司带来收益或者本人并没有什么业绩,那么他随时都有可能被辞退。

与外职业生涯相对,内职业生涯是影响职业生涯发展的内因。具体而言,内职业生涯并不是依靠他人的评价得到的,而是靠自己的努力与奋斗得到的。需要注意的是,个体即便拥有外职业生涯,也不一定具备内职业生涯。同样地,个体的内职业生涯也不会因外职业生涯而消失。举例来说,某人被提任为某部门的项目经理,此时他获得的是外职业生涯的职称,至于胜任经理所需要的各方面能力、相关经验、知识素养、心理素质等,并不是在他被任命的那一刻就自动具备的,而是需要他在工作中不断探索、累积、思考才能逐渐获得的。一且这个人具备了这样的能力,即使其由于某种原因不再担任该职务,他所具备的内职业生涯相关能力依然为他所拥有,就算他换了一家公司,由于其内职业生涯已经达到了部门项目经理的职位要求,他也能很快适应新公司。

综上所述,内职业生涯与外职业生涯的关系是:内职业生涯是外职业生涯发展的前提,内职业生涯的发展会带动外职业生涯的发展,外职业生涯的发展也会促进内职业生涯的发展;内职业生涯的发展是以外职业生涯的发展或成果来展示的,内职业生涯的匮乏以外职业生涯的停滞或失败呈现。

基于此,大学生要想成功制定适合自己的职业生涯目标,需要明确自己具备的内职业生涯和外职业生涯,提升自己的内职业生涯,以带动外职业生涯的发展,以外职业生涯提出的要求来促进自己提升内职业生涯,最终实现人职匹配。

(三)制定职业生涯目标的原则

根据所处环境、个人能力以及其他因素的限定,大学生在制定职业生涯目标时,需要遵循一些既定的原则。

1. 职业生涯目标必须清晰明确

初入职场的大学生大多都斗志昂扬,但其职业生涯目标一般并不明确,自己也会很容易忘记当初的目标是什么。因此笔者建议,初入职场的大学生应给自己制定一个清晰的短期目标,以三个月为期限最好。

2. 职业生涯目标必须切合实际

初入职场的大学生大概可以分为三类:一类是怀有一腔热血想要创出一番天地的;一类是循规蹈矩、踏踏实实工作的;还有一类是对自己没有信心、小心翼翼的。不管是哪一类人,制定的职业生涯目标都一定要切合实际,不可过大或者过小,即一定要根据自身的实际情况,量身定制具有一定高度并且经过努力可以实现的目标。

3. 职业生涯目标必须有时间界限

每个人都有或强或弱的惰性，如果没有最后期限限制，工作可能就会被无限制地拖延下去。因此，大学生制定的职业生涯目标必须有具体的完成时间，即使是比较艰难的工程项目也应有预测的完成时间。

（四）制定职业生涯目标的方法

有些大学生很清楚制定职业生涯目标的必要性和重要性，但是他们不知道要设定什么样的目标，或者说对自己的需求不够了解。笔者建议，大学生可以试试"渴望"战略。

"渴望"战略，顾名思义，与渴望有关。大学生可以找一个自己比较放松和清醒的时间，拿出笔和纸，冥想："我现在最渴望体验的感觉是什么？""我下周最渴望体验的感觉是什么？""我这个月最渴望体验的感觉是什么？"等。这样一来，大学生的人生规划可能由此发生改变。

现在快节奏的生活方式和工作习惯使得很多人经常焦虑，冥思苦想自己还有哪些事情或者工作没有做，自己今后的职业生涯规划是怎样的。对此，大学生应该先弄清楚自己内心到底想要什么、想体验哪种感觉，然后再制定自己的待办清单和职业生涯目标。

（五）写出职业生涯目标

大学生写出职业生涯目标的过程就是重新思考、厘清思路、规划未来的过程，这样做可以使自己的职业生涯目标更加清晰。需要注意的是，职业生涯目标的制定是基于特定的行业和企业背景的，即大学生的个人目标应该与企业的发展目标具有一致性，起码相差不大，这样实现职业生涯目标才有现实基础。

刚刚步入职业生涯的大学生不必急于确定中长期目标,毕竟自己初入职场,对一些职位和自己适合什么样的工作还不太了解。当然,如果大学生非常确定自己的职业定位,也可以写下自己的中长期目标。

二、分解职业生涯目标

在确定了职业生涯目标之后,大学生不要急于做计划,因为此时大学生会发现只有一个遥远的职业生涯目标是不行的,根本无从下手。尤其是在大学生制订一个长期计划时,这种感觉会更加明显。此时,大学生需要把一个不太容易实现的大的职业生涯目标分解成若干个容易实现的小目标,这样可以使自己有持续的动力去实现一个个小目标,并最终实现整体的职业生涯目标。例如,大学生可以像剥洋葱一样,通过一步步分解职业生涯目标,细化到季、月、周、日,分步实现小目标。

在现实生活中,职业生涯目标经常会随着时间和周围环境的改变而改变。为了真正有效地实现自己的职业生涯目标,大学生有必要根据不同的任务和目标,将职业生涯目标划分为不同的阶段,同时每个阶段都有不同的短期目标,这样实施起来才有一定的方向和自我约束力,从而更好地实现职业生涯目标。

(一)分解职业生涯目标需要遵循的原则

大学生在分解职业生涯目标时,需要遵守"整—分—合"原则,即大学生可以将总目标按照实际需要或者其他主客观条件分解成若干个容易实现的小目标,这些小目标的综合能够体现总目标,并能够保证总目标的实现。

需要注意的是,分解的小目标应与总目标具有一致性,内容上具有一定的相关性，能够贯穿整个目标实现的过程，避免出现"断层"，导致难以实现总目标。同时，小目标也要设定时间期限，不能拖延，以免影响总目标的实现。

（二）分解职业生涯目标的形式

对于职业生涯目标的分解，大学生可以通过两种方式进行，即时间顺序和空间关系。

如果大学生使用时间顺序的方式对职业生涯目标进行分解，那么为了方便检查和控制，大学生首先需要将职业生涯目标实施的进度制定出来。由此可见，时间顺序分解方式构成了职业生涯目标的时间体系。

如果大学生使用空间关系的方式对职业生涯目标进行分解，那么大学生可以从两个方面进行。一方面，大学生可以依据管理层次分解，这种分解方式是纵向的。具体来讲，这种分解方式是把职业生涯目标进行逐级分解，分到所有的管理层次，甚至是分解到个人。另一方面，大学生可以依据职能部门分解，这种分解方式是横向的。具体来讲，这种分解方式是把职业生涯目标的项目进行分解，分解到相关的职能部门。由此可见，空间分解方式构成了职业生涯目标的空间体系。

需要注意的是，不管使用哪一种分解方式，对大学生来说，都可以有效地实现目标。如果同时使用这两种方式，进而构成有机的、二维的目标体系，那么就能使大学生充分了解整体目标，有利于大学生展开自己的时间规划及实际行动。

三、实现职业生涯目标的准备工作

在实现职业生涯目标之前,刚刚步入职场的大学生需要明白以下几件事情,以做好实现职业生涯目标的准备。

第一,只有实现职业生涯目标的过程和结果都使自己感觉美好时,大学生才会想要实现职业生涯目标。大学生越感觉美好就会越想要实现职业生涯目标,这种感觉带来的积极结果就是:即便没能实现职业生涯目标,大学生依然可以保持一个好心情,至少能很快自我恢复,重新站起来。

第二,检查自己设定的职业生涯目标是否具有"灵魂"。这看起来似乎有些匪夷所思,但仔细想想是有一定道理的。例如,把"下周我要实现某一目标"改成"把某一事情做得完美、无懈可击"。如果自己的职业生涯目标具有一定的"灵魂",那么大学生在实现职业生涯目标的过程中就可以与其进行"灵魂交流",这有助于大学生实现自己的职业生涯目标。

第三,让兴趣支持职业生涯目标的实现。一些有职业生涯目标的大学生也会有自己的苦恼,如在众多的职业生涯目标中烦恼于不知道该专注哪一个职业生涯目标。遇到这样的情况,大学生不妨松开紧皱的眉头,问自己几个问题:"什么让我最兴奋?""我对什么最感兴趣?"选择自己更感兴趣的职业生涯目标更有助于大学生实现自己的职业生涯目标。

第四,行动强于静止。假如大学生有选择困难症或者选择恐惧症,害怕做出选择,那么大学生可以告诉自己:"我可以改变主意,在任何我想改变的时候"。因为当大学生害怕选择而停止不动的时候,他的自我价值感就会越来越弱,他会越来越质疑自己,越来越没有勇气做出选择。其实,大学生只要记住一句话:行动强于静止。当大学生在行动时,他就已经在学习,在积累技能,在变得更好。古人云"失败乃成功之母",因此大学生不要害怕出错,犯错误后加以改正也是在朝着职业生涯目标前进。

第五,建立良好的人际关系。21世纪人才是第一位的,人与人之间的交流学习十分重要。"前人栽树,后人乘凉",大学生要想在社会上有立足之地,离不开前人的指点和帮助,更离不开人与人之间的交流和朋友的关爱。孔子曰:"益者三友,损者三友。友直,友谅,友多闻,益矣;友便辟,友善柔,友便佞,损矣。"这句话的意思是:有益的朋友可以分为三类,即正直的朋友、讲信用的朋友和知识渊博的朋友;有害的朋友也可以分为三类,即善于花言巧语的朋友、当面奉承背后诋毁的朋友和专门讲空话、没有行动的朋友。正直无私的人、聪明智慧的人、知识渊博的人、经验丰富的人、能帮助个体成长和发展的人对个体有价值,这些就是个体追求的"贵人",用流行的话讲就是个体的"人脉"。大学生要建立的是一个能帮助自己成长和发展的人际关系网,这个关系网对于大学生日后的发展具有决定性作用和重要意义。

在做好上述准备工作之后,刚刚步入职场的大学生接下来要做的就是带着自己的热忱和激情,去实现自己的职业生涯目标。

四、实现职业生涯目标的建议

经过以上步骤之后,大学生就可以逐步实现自己的职业生涯目标了。对此,笔者提出以下建议,以帮助大学生尽快实现自己的职业生涯目标。

(一)提升自己时间管理的效率

人们常常说"是金子总会发光的",其实仔细想想也不对,如果明明是一块金子,却偏要被放到伸手不见五指的黑夜,那肯定是发不了光的。只有把金子放在灿烂的阳光下,它才能发出耀眼的光芒。工作也是如此,在抱怨怀才不遇、生不逢时的时候,大学生需要反思自己的工作方法是不是有问题。再高深的职场技艺也需要高明的工作方法来衬托,而效率就是关键。大学生只有掌握利用时间的方法,工作效率才能提升,自己才能成为闪闪发光的金子。

实际上,大学生只有把时间和精力放在那些能够改变自己生活的重要事情上,才能有效地安排自己所要面对的事情。基于此,为了使大学生提升自己时间管理的效率,下面将列举一系列有效提升时间管理效率的方法。

1. 确定职业生涯目标

一个人的职业生涯目标越明确,实现职业生涯目标的步骤越清晰,其职业生涯目标就越容易实现。因此,大学生在确定职业生涯目标之前,首先要明确自己究竟想要什么,自己通过努力能不能实现职业生涯目标。也就是说,大学生制定的职业生涯目标必须是自己希望的并值得去努力而且能够实现的。大学生不要小看自己的能力,但也不要制定遥不可及的职业生涯目标。

2. 列清单

进行时间管理也可以使用一些管理方法。在职场中,每个人都可能被同时安排做多件事情,这时候列清单的优势就体现出来了。例如,大学生可以将任务化成一张张的工作清单,使自己在任何场合都有一份合适的待办事项清单,从而有效率地完成工作。

3. 分清轻重缓急

对于清单中的所列事项,大学生要分清主次和轻重缓急,优先处理更重要、更紧急的任务,然后依次是重要但不紧急的任务、紧急但不重要的任务、既不紧急也不重要的任务。

4. 善用时间

80/20 法则又名帕累托原则、二八定律，是时间管理和生活管理方面最有用的概念之一。该法则的核心内容是生活中 80%的结果来自 20%的原因。例如，20%的客户给个体带来了 80%的业绩；世界上 80%的财富被 20%的人掌握着。对此，大学生要把注意力放在 20%的关键事情上，不要在不必要的事情上浪费时间。

5. 专注于一件事情

"当你还有一只大青蛙要吃的时候，绝不要分心去吃一只小蝌蚪。"这句话的意思是说，不要同时做多项工作，这样只会分散注意力。大多数人在专注时可以把事情做得更快更好，对此，大学生可以在一段时间内专注于一件事，这样相当于变相延长工作期限。

6. 注重效率

当大脑疲于工作时，人们可能会对着任务开始犯困，拖拖拉拉，工作效率极低。这时，大学生可以短暂放松或休息一下，劳逸结合，更能提高工作效率。

7. 自我设限

如果对某一任务的期限进行限定，如设为一个星期，那么人们常常将事情拖到周五才做。显而易见，假如任务没有规定期限，人们就会将任务往后拖。由此可见，时间管理对于任何人来说都至关重要。总而言之，大学生要想让自己更好地完成任务，可以给自己一个暗示，暗示自己一定要在规定的时间内完成任务，从而提高自己的工作效率。

（二）少抱怨，多学习

经常会听到有人抱怨公司没有给自己学习的机会，说自己"什么东西也没有学到"。也有人会说，"我们从小学到大学，学了十几年，还要学习什么？"

事实上，这两种想法都是错误的。在公司里，如果个体意识到自己的工作就是最直接的学习方式，而且个体愿意用一颗学习的心去面对工作，那么个体就会发现自己在工作中遇到的所有人和事都是值得学习的。职场生存之道涉及各种各样的技术，这些技术依赖于个体的自我反省和从他人处学到的良好经验。"他山之石，可以攻玉"，说的就是类似的道理。例如，个体可以学习其他人如何独立工作、协调复杂的关系、管理时间，从而加速自己的成长。

基于此，大学生在职场中要少抱怨。虽然职场中的困境是不可避免的，但是如果大学生仔细体会的话可以发现，当自己抱怨时，自己实际上已经放弃了解决问题的想法，只是徒然地等待别人帮自己承担责任。此时，大学生就像一口没有活水注入的水潭，等待空气把自己蒸干。而放下抱怨，关注目标快速行动，才是大学生在职场保持活力的源泉。

（三）不断调整职业发展目标与计划

每个人都会遇到这样那样的问题，即经常出现各种意外打乱自己的计划。具体而言，当大学生遇到打乱自己计划的因素时，需要及时对自己的计划进行调整，因为原来的计划已经不再适合，甚至会对自己产生不利的影响。实际上，任何事情都不是固定不变的，每位职场员工不可能自始至终只从事一种工作，即便从事同一性质的工作，也会因时间或机遇等而发生改变。基于此，大学生要想保证自己的职业顺利发展，需要根据现实状况及时进行调整，以便更好地实现自己的职业发展目标与计划。

（四）建立"快乐文件夹"

刚毕业的大学生不要总是与其他同学比较工资，这样导致的结果可能就是想要换工作，然后在一次次的面试和跳槽中失败。这样不仅降低了大学生对目前工作的信心，还容易迷失自己的职业生涯规划方向。由此可见，大学生要时刻掌握自己的市场价值，最好亲自搜集信息，而不是道听途说，纠结于不靠谱的小道消息。

实际上，对于任何人来讲，拥有自信都至关重要。大学生要想培养自信，可以时常让同事或朋友对自己进行评价，包括自己的品质、成就等，从而对自己进行鼓励，增强自己的自信。大学生可以将他人对自己的评价放进"快乐文件夹"里，在缺乏自信的时候，拿出来看一看，以激励自己，从而帮助自己在职业的道路上越走越远。

（五）建立良好的人际关系

人都是群居的，即人是无法独立存在的，需要与外界保持联系。如果脱离社会环境和自然环境，人就无法继续生存下去。需要注意的是，人在与外界保持联系的过程中，人际关系是必不可少的。而人际关系的建立有很多种方式，如靠家庭背景等。建立人际关系网与个体从事的工作和对别人的态度密切相关。对于人际关系网的建立，大学生应该保持真诚及乐于助人的态度，只有这样别人才会感激、尊重你，才会愿意与你交朋友。

人际交往的黄金法则是"你越尊重自己，就越被别人尊重"。

（六）尽可能地把目标和行为动机联系起来

为了实现自己的职业生涯目标，大学生可以给自己设定一些小目标，做的每一件事情都要和这些目标联系起来，这样做起事情就不会偏离目标，否则，稍不留神就会做些与目标无关的事情。同时，大学生要与那些支持自己并且支持自己目标的人交往，这些人一方面会给大学生以鼓励，另一方面会督促大学生去实现目标。这些人可以是大学生的家人，也可以是大学生的朋友或者事业上的伙伴。

为了实现自己的职业生涯目标,大学生每天都要检查、反思自己今天的工作对目标的实现是否有帮助,否则有可能离目标越来越远,而自己却不知道。也就是说,大学生必须保证每天都要为实现目标而奋斗,而且每天不管多少都要为实现目标做出贡献。

(七)提高自己的执行力

执行是非常重要的一步,如果说设定、分解目标需要两成的时间,那么执行目标就需要六成的时间,剩下的两成时间分配给反馈。执行非常重要的原因在于,如果没有执行,那么一切都是空谈。即便大学生有千千万万个目标,做了千千万万种规划,如果无法落实执行,那么也只不过是一场自我满足的幻想而已。

当然,执行也需要合理布局。因为不是所有事情都有前车之鉴,我们找不到一个可以完全复制的成功捷径,而且别人的经验不一定适合自己,所以大学生在执行的过程中应该将60%的时间用于自己实践、验证。除了埋头苦干,大学生还要花40%的时间去看书、交流、学习,这样做是为了避免闭门造车。学习知识是一种高效执行力的表现,不仅不会耽误大学生的时间,反而会提高大学生的执行效率。

大学生如果能够将学到的知识用到执行过程中,随时学习,随时调整,随时执行,把学习和执行结合起来,那么将更有利于精准高效地实现自己的职业生涯目标。除了自己执行和不断学习,大学生还要看别人怎样做。虽然别人的经验不一定完全适合自己,但是别人的经验可能会对自己有启示作用。对此,大学生可以先将他人的方法用在自己的工作和学习上,再进行测试反馈,从而节省自己的执行时间。

（八）获得有效的反馈

有效的反馈是指对工作效果的反馈。好的工作效果和不好的工作效果都是一种反馈，重要的是大学生要清楚工作效果到底是由哪些具体的执行方式带来的，通过反馈快速筛选不靠谱的执行方式，从而更好地调整、优化自己的职业生涯目标。如果职业生涯目标完成得很好，那么大学生就可以继续朝着下一个职业生涯目标前进，还可以适当加快脚步；如果职业生涯目标完成得不好，那么大学生至少验证了这个方法行不通，以后就不会犯同样的错误了，而且可以帮助大学生重新调整职业生涯目标。

第六章　大学生职业生涯规划书

第一节　职业生涯规划书的定义与作用

一、职业生涯规划书的定义

职业生涯规划书是指付诸纸面的职业生涯规划过程，即对自己职业生涯发展目标的选择、实施计划及行动方案的书面表述，是职业生涯规划的浓缩与集中体现。职业生涯规划书不仅能呈现大学生的宏观职业生涯规划，也能对具体的学习和工作起到指导和鞭策的作用。如何撰写职业生涯规划书是大学生职业生涯规划课程教学的重要内容，也是大学生进行职业生涯规划的重要环节。

美国职业生涯学家泰德曼（David Tiedeman）曾经说过，生涯是一种过程，它像一只在海面上航行的船，在开阔的海面上，各种情况变幻莫测，为了使航船不沉没并保持航向，船长常常运用地图、指南针、风向及自己的经验来做出判断，以保持航向的准确性。在漫漫的职业生涯中，一份翔实的职业生涯规划书就是帮助我们保持航向，督促我们航行，时时提醒并帮助我们明确方向的地图、指南针和风向标。

二、职业生涯规划书的作用

（一）整合作用

这是职业生涯规划书最根本、最重要的作用。大学生在进行职业生涯规划前，各种职业信息是凌乱的，实现人生目标的方法、途径是互不衔接的，通过撰写职业生涯规划书，思路得以梳理，人生目标得以确定，各种职业信息资源得以如实分析，实施方法及途径得以明确，完成人生目标的信心得以增强，未来人生将更加完美。

（二）督促作用

大学生的人生目标如同山顶上的凤凰松，美丽又骄傲，让人敬仰，却又不易接近，怀有一颗真诚、勇敢、奋进的心才有可能拥抱它。职业生涯规划书如同追逐凤凰松道路上的石阶，它记录着人们前进的步伐，是人们不断努力和前进的见证。有了职业生涯规划书，人生目标、实施方法与途径才能得以展现，才能一步一个脚印，不断向梦想中的凤凰松前进。

（三）改进作用

职业生涯规划书如同自己的亲人，常常伴随我们左右，告诉我们下一步如何行动，帮助我们明确自己的方向，同时不断发现职业生涯道路上存在的问题，能够让我们在人生道路上时刻保持清醒的头脑，及时总结职业生涯道路上的经验及教训，借以修正我们的职业生涯路径，并不断改进和完善。

第二节　职业生涯规划书的目的原则

职业生涯规划书，是指求职者为制订职业生涯规划而使用的专用文书。职业生涯规划的本质是一个动态的过程，未来是未知的，与时俱进自动调整是职业生涯的必然要求。

一、撰写职业生涯规划书的目的

职业生涯规划书是个人进行职业规划的行动指南，提笔撰写职业生涯规划书时，最重要的是要明确你撰写它的目的。

撰写职业生涯规划书可以帮助我们树立明确的职业发展目标，提醒我们运用科学的方法，采取切实可行的措施；促使我们更加注重发挥个人的专长，不断开发自我潜能；让我们评估并明了现有的资源，了解现状与目标实现之间的差距，进而有效克服职业生涯的发展阻碍，这就是撰写职业生涯规划书的目的。

二、撰写职业生涯规划书的原则

职业生涯规划书的拟定是为实现职业生涯目标服务的，在制订过程中应遵循以下原则。

（一）独特性

职业生涯规划书一定是根据自身实际状况而量身定做出来的，别人的成功路径和模式并不适合自己。每个人的性格特征、知识结构、兴趣爱好、能力倾向等都有所不同，家庭条件、成长经历、社会关系也都不同，因而在制订职业生涯规划时不可能找到普遍使用的路径，必须综合考虑各方面的实际情况。

（二）可行性

只有在实际中可操作的职业生涯规划书才具有价值。这就要求大学生在制订前期，要对相关领域尽可能多地收集信息，多做现实调查，加深对实际状况的了解和理解。可行性体现在两个方面：一是职业生涯目标的可行性，即目标的设定是否建立在现实条件的基础上；二是职业行动计划的可行性，即行动计划是否是自己可以实现的。

（三）阶段性

根据舒伯（Donald E.Super）的生涯彩虹图可知，个人发展具有阶段性，每个人在自己人生发展的不同阶段所承担的社会角色和发展任务是不同的。撰写职业生涯规划书时也应该根据自己的年龄阶段设计不同的内容，以适应每个发展阶段的特点，使每个阶段都能充实度过，并逐步实现阶段性目标，从容过渡到下一个阶段目标，进而实现自己的人生目标。

（四）预见性

对目标行业未来的发展趋势要有自己的理解和预判。当社会、经济、政策、市场等方面出现新情况时,要根据自我发展、社会变迁以及其他不可预测的因素,主动适应各种变化,及时评估、灵活调整,不断修正、优化自己的职业生涯规划书。

(五)一致性

在调整职业生涯规划的过程中,要坚守规划目标的持久性和一贯性。短期的目标有可能需要调整,目标的调整修正应和长远的人生目标始终保持一致,使整个规划始终围绕自己的人生目标而展开。过去、现在和未来应有内在的一致性和延续性,除非遇到不可抗力事件或未预料到的严重事件影响,一般不要对职业生涯规划做出颠覆性的修改或调整。

(六)客观性

职业生涯规划书中的内容必须毫无虚构。其中不仅要包含对自身优势的分析,同时对不足之处也要有透彻的剖析。

从哲学角度来看,上述工作是解决"干什么""为什么要干""怎么干"这三个最基本的问题,这三个问题解决好了,整个职业生涯就会比较顺利。做一份职业生涯规划设计,可避免走许多不必要的弯路,将浪费的时间、精力节省出来,投入到对自己更有意义和自己感兴趣的工作中去,时间也就不会不够用,生活也不再是忙碌无为的。

第三节 大学生职业生涯规划书的基本格式

大学生职业生涯规划书各式各样，每个人都可以撰写职业生涯规划书，但我们更希望大学生能够根据自己的个性特点、职业环境特点、职业生涯发展目标来设计符合自己特色的职业生涯规划书。职业生涯规划书作为一种书面的表达方式，有一些基本的规范要求，以保证规划书能够全面反映职业生涯的基本信息和内容。一方面，可以使作者本人通过职业生涯规划书的写作对自己的职业生涯发展目标有更加清晰的认识和理解，并采取有效的行动来实现职业生涯目标；另一方面，可以使读者通过职业生涯规划书对作者的职业发展目标和行动计划有一个清楚的理解。

常见的职业生涯规划书分为表格式、条列式、复合式、论文式等几种。表格式仅写有最简单的目标、分段实现时间、职业机会评估、发展策略等几个项目，适合作为日常提醒。条列式写有职业生涯规划的主要内容，但只做简单表述，缺少详细材料分析和评估，逻辑性和说理性不强。复合式是表格式和条列式的综合，主要内容比较完整，但欠缺详细的材料分析和评估，连贯性不够，说服力不强。论文式能够对一个人的职业生涯规划做出全面、详细的分析和阐述，是最完整的职业生涯规划书。大学生职业生涯规划书应该采用论文式撰写，其基本的格式要求如下。

1. 封面

题目、学校、专业、姓名及撰写时间。

2.扉页

姓名、性别、年龄、籍贯、政治面貌、所在学校、所学专业、学号等个人基本资料，以及现住址、邮编、电话及 E-mail 等联系方式。

3.目录

分别列出职业生涯规划的主要项目。

4.引言

简要说明大学生职业生涯规划的重要地位和作用，阐述自己对职业生涯规划的认识和理解，以及职业生涯规划的形成过程和主要内容。

5.自我分析与探索

这是大学生职业生涯规划的重要内容，主要包括以下几个方面：一是个人基本情况，对自己的成长经历、学习情况进行简要回顾和分析。二是职业兴趣分析，根据职业测评结果，分析并描述自己的霍兰德职业代码，列出与其相对应的职业。三是职业价值观分析，结合职业测评报告分析自己的重要价值观，并说明它们的具体含义，以及自己心目中的理想职业。四是职业性格分析，根据 MBTI（迈尔斯布里格斯类型指标）的类型特征及相适应的领域与职业，分析并描述自己的职业性格特点，找出与自己职业性格特点相符的职业。五是职业技能分析，找出自己最擅长并愿意在未来职业中运用的专业知识技能、自我管理技能及可迁移技能，分析自己的优势和劣势。最后，对自己以上的自我探索情况进行综合分析和判断，找出自己核心的职业个性特征。

撰写自我分析与探索部分需要注意以下几点：

第一，自我分析与探索的理论和模型运用要正确、合理。职业生涯规划是一个借助科学工具探索自己和周围世界的过程，要使用科学工具，运用要合理。

第二，自我分析与探索需要将自我特质与职业环境联系起来。自我探索的目的是进行初步的职业定位，而不是为了探索自我而探索，要关注自我与职业环境之间的关系。

第三，综合职业测评的量化分析与自我的质化分析，用生活事件与经历来说明自己的特质。如可以根据霍兰德职业兴趣测评，列出自己前三项的职业兴趣，如××型（×分）、××型（×分）、××型（×分）。如果只把这个测评结果罗列出来意义并不大，接下来需要对前三项类型进行阐述，并与实际生活经验相对照。

第四，自我分析与探索时可以适当参考他人的评价，比如同学、朋友、师长的意见。

第五，自我分析与探索不是一两次职业测评就可以完成的事情，而是要贯穿整个职业生涯过程。

6.职业分析与探索

通过资料检索、社会调查、实验实习、生涯人物访谈等方式对自己所处的职业环境进行系统分析，应该包括以下几个方面：一是社会环境的分析，如目前大学生就业形势与政策，社会政治、经济、文化等因素和自己就业的关系等。二是工作环境的分析，包括自己工作意向所在地域、行业、职业、企业的现状及发展趋势分析。三是学校环境的分析，如学校的特色、专业学习、实践经验等。四是家庭环境的分析，主要包括家庭经济状况、家族文化、家人期望，以及父母的职业状况对自己的影响等。

撰写职业分析与探索部分需要注意以下几点：

第一，职业分析与探索不是毫无目标地探索分析自己的家庭、学校、社会、职业环境，而是基于自我了解的职业定向，进行有针对性的探索与分析。例如，根据自己的兴趣，先寻找适合自己的职业环境领域，然后着重对这些环境的信息进行搜索并分析，最后再反过来思考环境对自己的要求是什么。

第二，社会环境包含的面非常广，主要选择与自己的职业生涯发展密切相关的环境和事件加以分析，不需要把所有的事情都论述清楚，关键要针对这些环境、事件进行自己的分析与思考，而不仅仅是陈述或摘录事实。

第三，在对学校环境进行分析时，要联系主观自我的部分与职业生涯发展的关系，表述要言简意赅，突出特色，意思表达要充分。

第四，家庭环境分析要与自己的职业生涯发展相联系，而不是纯客观地分析。比如，同样是家庭经济状况一般的两名同学，家庭经济状况一般只是一个客观事实，但与个人联系之后却有了不同的选择。甲同学可能为了改善家里的经济状况，大学毕业后打算直接工作，且对工作的报酬有一定的要求；而乙同学则立志提高学历，以便将来有更长远的发展。

第五，职业环境分析要遵循从宏观到微观的渐进性，应从行业、职业到单位、岗位等。宏观的环境因素为小环境提供了发展背景，而对于职业的探索，只有具体到较微观的部分，才是比较有效且有导向性的。

7.职业目标的定位及生涯路线的选择

这是职业生涯规划的核心内容，也是较难撰写的部分。在自我分析和环境分析的基础上，一般采用 SWOT 分析法（也称为"态势分析法"或"道斯矩阵"）进行职业决策。首先要确定职业目标，包括人生目标、长期目标、中期目标和短期目标，以及对各阶段目标的分解与组合，还要确定实现这个目标的职业生涯路线。

8.具体执行计划及实施方案

为了达成以上职业目标，需要制定一个具体的时间安排表，列出实现职业目标需要获得的信息和帮助，重点要做的事情、具体措施和策略，制订出切实可行的行动计划和实施方案。

撰写计划实施部分需要注意以下几点：

第一，行动计划选择要以职业生涯发展目标为准绳。在制订行动计划时，必须根据自己的职业生涯发展目标及自己与目标之间的差距，有针对性地采取行动，使自己的每一步行动都朝目标前进一点。

第二，根据目标要求，确定行动策略。确定行动策略时，要围绕目标要求进行选择，如根据发展目标对个人知识、技能和人际交往能力的要求，确定行动策略和方案。对于大学生来说，在校期间主要进行知识的积累和能力的锻炼，而在大学毕业初期则要完成从学生到职业人士的角色转变。

第三，平衡各个目标，使其协调发展。人生在世，要承担的角色非常多，在外是职员，在家是父母、子女，不同角色会有不同的要求和目标，应该尽量将不同角色的发展目标协调起来，以免出现太多的目标冲突。

第四，行动策略与行动计划要清晰、明了、准确。既要让自己能比较轻松地看明白其中的要点，又要有利于执行，还要在行动策略、行动计划与职业发展目标之间建立起内在的因果关系。

9.评估与反馈

职业生涯规划是一个动态的过程，要在实施的过程中，依据自己的人生发展情况和社会变化情况适时对职业目标、生涯路线、执行计划、实施策略进行评估和调整。评估和调整的时间可以根据自己的实际情况确定，一般可以每学期或每学年评估一次，也可以随时依据情况变化予以调整。

撰写评估调整部分需要注意以下两点：一是调整是在原有优势和条件的基础上进行优化组合，在调整中达到提升；二是应该有 1~2 个备选方案，备选方案的制订应该是一个经过深思熟虑的、自内而外的规划过程。例如，在自我探索部分，从众多备选的职业中选择了自己认为的最佳方向，那么在制订备选方案时，就需要再选出第二个方向。

10.结束语

一份完整的职业生涯规划,不仅能呈现大学生的宏观职业生涯规划,还能对其具体的学习和工作起到指导及鞭策的作用。

第四节 大学生职业生涯规划书的写作要求

一、步骤齐全,逻辑严密

职业生涯规划书必须包括自我分析与评估、环境分析与评估、职业目标与路线选择、行动计划与实施方案、评估与反馈五个基本步骤和内容,缺一不可。步骤名称可以有所不同,步骤内容为前面所介绍的职业生涯规划的基本内容。除这五个步骤外,还可含有承诺的内容,一般在引言中体现。对这些内容进行分析阐述时,必须紧紧围绕职业目标这条主线来展开,从而体现论述的逻辑性和连贯性。对各部分的分析本身也应该合乎逻辑,尤其是职业决策部分,不能凭主观意愿随意制定职业目标,而是要运用科学的方法进行分析和决策。

二、客观分析，论证有据

科学合理的大学生职业生涯规划书必须具备分析论证的过程，否则就只能称为梦想书。大学生在对自我进行分析评估时，要借助职业测评量表和测评软件，但不是将测评结果简单地罗列，应当思考自我评价、他人评价与测评结果的不同之处并分析原因，总结出较为真实正确的自我评估结果。在对外部环境进行评估时，要尽可能地搜集全面真实的资料，并对资料进行筛选和分析，围绕自身需求形成有针对性的环境评估结果，而不是凭想象来书写或直接采用别人对社会、行业、职业的分析报告。运用科学的决策方法确定职业目标和制订反馈调整方案时，同样需要分析论证，做到有理有据。

三、语言通顺，重点突出

大学生职业生涯规划书最基本的写作要求就是语言通顺、行文流畅、条理清楚、用词准确。切忌文法不通、内容空洞，不宜过于煽情，也不宜过于死气沉沉、缺乏朝气。不要以记流水账的形式撰写，应当有详有略、重点突出、结构清晰、层次分明。对于关键部分要突出重点，不能材料资料一大堆，却难以找到自己分析总结的部分及制订的目标、计划和措施。

四、目标明确，合理适中

职业目标是大学生撰写职业生涯规划书的核心内容，目标不是"关起门来拍脑袋"凭空想象出来的，不能过于理想和模糊，应当通过科学的方法确定，要具备一定的科学性、合理性、明确性，这样的职业目标才是可以实现的。可以说，大学生职业生涯规划书是否成功有效，很大程度上取决于有无正确适当、切实可行的人生目标和职业发展目标。

五、计划具体，措施可行

大学生职业生涯规划书的行动计划与实施方案，要具体详细并有效可行。不仅职业目标要合理，行动计划与实施方案也要合理可行。如果行动计划与实施方案不可行，那么再普通的职业目标都无法实现。

第五节 大学生职业生涯规划书的注意事项

一、规划书版面设计不规范、不协调

细节决定成败。不少学生辛辛苦苦做出了一份职业生涯规划书，内容比较完整，具有一定的深度，可惜"包装"不行。主要表现在：有的版面设计不美观、不协调，不能吸引读者的眼球，甚至让读者产生不想看下去的感觉；有的错别字太多，给人不认真、不负责或语文功底太差的印象；有的语句不通畅，地方方言太多，把口头语言当成了书面语言，虽然读者能看懂，但会在印象分上打折扣。

二、现实发展与未来目标选择不统一

没有把自己过去做过的和现在正在做的,以及与未来的职业生涯发展目标有密切关系的亮点展现出来。不少大学生的职业生涯规划书前后不连贯,缺乏逻辑性。虽然前面用了许多笔墨来论证,却无法让人看过之后得出其职业选择是正确的结论。例如,有位同学的职业生涯目标是成为一名成功的策划人员,而且他在大学期间也多次参加过大型活动的组织策划和广告创意工作,获得过一定级别比赛的大奖,积累了一定的经验,但是在他的职业生涯规划书中却没有把这些关键性的事件写出来。

三、对职业目标及其行业认识不到位

即在分析社会环境和就业形势时,只是对当前我国大学生的就业形势泛泛而谈,对自己的职业目标及所处行业的特点、要求及面临的形势分析不充分,甚至文不对题,重点不突出。实际上,大学生就业难不是针对某一个人的,也不是今天才出现的现象,更不是一两天就可以解决的问题。相反,正是因为大学生就业难,才更彰显个人的才能和智慧,更需要大学生拥有独特的核心竞争力,早做职业生涯规划,从而在激烈的市场竞争中脱颖而出。因此,大学生要对自己的职业生涯目标和所在行业有深入广泛的了解并做出科学的分析。

四、测评结果与职业目标的选择脱节

目前,我国一些高等院校引进了大学生职业规划测评系统,使得大学生有机会进行职业测评。职业测评是大学生进行职业生涯规划的重要依据,其测评结果与职业目标选择之间应该有比较密切的逻辑联系。现实中,有些大学生在撰写职业生涯规划书时，根本不知道如何处理和利用职业测评结果，将个人职业测评结果与职业生涯选择的论证割裂开来，当然会对整个职业生涯规划书的质量产生负面影响。

五、对评估与反馈部分重视程度不够

大学生职业生涯规划书中的评估与反馈部分就像演员演戏时的收场部分。一名优秀的演员在收场时，一定是不慌不忙、有板有眼、毫不含糊的。否则，前面的戏演得再好，观众也会觉得有些失望，甚至喝倒彩。然而，有些大学生撰写职业生涯规划书时，对论证过程非常重视，却忽视了结尾的评估与反馈部分，觉得写到这里已经是"江郎才尽"，无话可说了，因而草草收尾，将一份本来很不错的职业生涯规划书直接打入了"质量差"的行列，令人惋惜。

六、未能注意整个篇章结构前后统一

这是大学生在撰写职业生涯规划书时最容易犯的错误，特别是参加职业生涯规划大赛的学生更容易在这个问题上出现差错。参赛作品的篇幅一般都比较长，许多学生就会分段落撰写，但相当多的学生缺乏驾驭篇章结构的能力和经验。一些职业生涯规划书如果拆开来看，每一部分都不错，但一连起来就觉得别扭，根本原因就是文章的逻辑性和连贯性有问题。大学生应该认真阅读已完成的职业生涯规划书，仔细推敲规划书中的前后逻辑关系，力争让职业生涯规划书各部分之间实现无缝连接。

第六节　大学生职业生涯规划书的评估调整

一、生涯评估

（一）生涯评估与调整的意义

由于现实社会中不确定因素的存在，大学生的认知不断地加深，可能会与原来制定的职业生涯规划有所偏差，这就要求不断地反省并对职业生涯规划的目标和行动方案做出修正或调整，从而保证最终实现人生理想。从这个意义上来说，评估调整就是一个再认识、再发现的过程。这就要求我们时时注意内外环境的变化，不断地审视自我、不断地调整自我、不断地修正策略和目标，这个过程就是评估与调整。

1. 评估与调整是职业生涯规划实施的必经阶段

职业生涯规划的实施，是一个人依次实现各个阶段性目标并逐步向最终目标推进的过程。在此过程中，由于各种确定及不确定影响因素的存在，实际目标与规划目标之间存在落差在所难免。为了最大限度地减小落差，对职业生涯的进展情况进行评估是必不可少的阶段。职业生涯规划调整则是在评估的基础上，依据实际情况对职业规划的实施过程进行调整完善，确保规划的成功推进。职业生涯规划的评估与调整是一个循环反复的过程，通常要经过施行、评估、调整、再施行、再评估、再调整等程序，直至达到最理想状态。上述过程的循环反复是保证职业生涯规划实施的必要条件。

2.评估与调整是实现职业生涯规划目标的重要保证

在职业生涯规划具体化过程中,各个阶段的实际结果能否与规划目标相符或相近,是评价具体化是否成功的关键。而评估与调整则是实现这一目的的重要保证。一方面,评估与调整给具体化施行提供了方向与路线保障;另一方面,评估与调整也为具体化的效果提供了尺度标准。通过职业生涯规划评估与调整,可以发现前一阶段策略方案的施行及目标完成情况,并决定下一阶段的目标实施,进而决定向最终目标推进的进度。

3.评估与调整是确保职业生涯规划有效性的重要手段

一份职业生涯规划是否有效,主要看其策略方案是否切合实际、能否顺利施行并最终实现人生规划目标。在职业生涯规划持续推进的过程中,评估与调整是保证其策略方案正确施行及达到效果的重要手段。通过评估与调整,可以确保各个阶段目标的顺利实现及实施进程的顺利推进,进而保证职业生涯规划的阶段目标与总体目标的有效性。

(二)生涯评估维度

按照人际关系范畴,将职业生涯是否成功的评价分为自我评价、家庭评价、组织评价和社会评价四类评价体系。如果一个人能在这四类体系中得到肯定的评价,则其职业生涯无疑是成功的。

1.自我评价

个人可以通过对现状是否满意,来对自我进行评估。自己可以通过才能是否充分施展,是否对自己在企业发展、社会进步中所做的贡献满意,是否对自己的职称、职务、工资待遇的变化满意,是否对处理职业生涯发展与他人生活的关系的结果满意进行评价。

2.家庭评价

个人的父母、兄弟姐妹等家庭成员对于个人的职业生涯发展战略是否能够理解，是否能够给予支持与帮助。

3.组织评价

个人的任课教师、辅导员、领导、同事对个人是否赞赏，是否有老师或上级领导对其的肯定和表彰，是否有成绩的提升，职称、职务提升或职务权责范围的扩大，是否有阶段性的成绩或工资待遇的提高。

4.社会评价

个人的职业生涯行为是否有社会舆论的支持和好评，是否有社会组织的承认和奖励。

（三）生涯评估的方法

1.反思法

大学生可以对自己的职业生涯实践进行回顾：是否达到了职业生涯规划中计划的学习时间；学习上有什么收获；还有哪些问题；方法上有何体会等。可以通过制订计划检测评估表，包括学年规划检测评估表、学期规划检测评估表、月规划检测评估表，对自己进行生涯评估。

2.调查法

大学生在每一近期目标实现后，对下一步的主客观环境、条件做些调查、分析，看看条件是否变化，哪些变好，哪些变坏，总体如何，要做到心中有数，然后，根据变化了的情况，恰如其分地修改下一步拟定的计划。

3.对比法

每个人都有自己追求的方法，所以在做职业生涯规划时，应多比、多思、多学，吸取别人科学的方法。对别人职业生涯规划的分析，往往有助于自己对职业生涯规划进行修改。

4.PPDF 法

PPDF（personal performance development file）是指个人的职业生涯发展档案，主要包括个人情况、现在的行为和未来的发展三部分，通过填写个人的职业生涯发展档案，时刻监督自己的计划、任务以及行动和措施的进行情况。

5.360 度反馈评价法

全方位评估，也称 360 度评估，最早由被誉为"美国力量象征"的典范企业英特尔首先提出并加以实施。在 360 度反馈评价法中，评价者不仅有被评价者的上级主管，还包括其他与之密切接触的人员（如同事、下属、客户等），同时也包括自评。可以说，这是一种基于上级、同事、下级和客户等收集信息、评价绩效并提供反馈的方法。大学生职业生涯规划全方位评估应包含学校领导、老师、学生和被评价者自身等主体。实施大学生职业生涯规划全方位评估要做好以下三个环节。

（1）做好同学间评议。同学间提供评价意见可以借助同学们的智慧与经验，让被评价的学生更加清醒地认识到自身的优势和不足，明确努力方向。

（2）做深自我评价。自我评价更便于大学生进行自我反思，由被动接受评价转变为主动反省和总结学习工作的得失，使评估成为自我认识、自我改进、自我管理、自我完善的有效途径，使评估成为大学生专业发展的"助推器"。

（3）做实评价反馈。全方位评估最后能否改善职业生涯规划状况，在很大程度上取决于评价结果的反馈。应通过选择合适的时间、地点和反馈途径，把综合的评估信息经过实践环节反馈给自己，并帮助自己评估和调整职业生涯规划的发展和行动计划，从而增强职业生涯规划的实用性。

（四）评估应注意的问题

评估可以参照各类短期、中期预定目标和实际结果比照而进行。一般来说，任何形式的评估都可以归结为自我素质和行为对现实环境的适应性判断，特别是针对变化的环境，找出偏差所在，并做出调整。

1.抓住最重要的内容

在职业生涯的某一阶段，总有一个最重要的目标，其他目标都是指向这个核心的，完全可以通过优先排序，重点评估那些可能达到这个核心目标的主要策略执行的效果。

2.分离出最新的需求

针对变化了的内外环境，要善于发掘最新的趋势和影响；对于新的变化和需求，怎样的策略才是最有效而且最有新意的。

3.找到突破方向

有时候，在某一方面取得突破性的进展将使整个局面发生意想不到的改变。想一想先前职业生涯规划中的策略方案，哪一条对于目标的实现应该有突破性的影响？达到了吗？为什么没达到？如何寻求新的突破？

4.关注弱点

管理学中有个著名的木桶理论，即一个沿口不齐的木桶，其容量的大小，不取决于最长的那块木板，而取决于最短的那块木板。在评估过程中，当然要肯定自己取得的成绩与长处。但更重要的是发现自己的素质与策略的"短木板"，然后想办法修正，或者把这块"短木板"换掉，或者接补增长，唯有如此，你的职业生涯木桶才能有更大的容量。一般来说你的"短木板"可能存在于观念差距、知识差距、能力差距、心理素质差距等方面。

二、生涯调整

接下来,就要根据评估的结果进行目标和策略方案的调整。职业生涯规划的调整内容包括:职业的重新选择、职业生涯路线的选择、阶段目标的调整、实施措施与行动计划的变更等。

所谓调整是重新调配和安排,使其适合新的情况和要求,职业生涯规划需要不断调整。一个好的职业生涯规划,需要具备可行性,需要有实施计划的具体措施和时间。但是,职业生涯规划做得过于细致、过于严格,会束缚自己的手脚,可能丧失随时到来的种种计划,也可能因为不切合实际而丧失可操作性。在影响职业生涯的许多因素难以预料的情况下,要使职业生涯行之有效,就必须使职业生涯规划具有足够的弹性,在实践中不断进行评估和调整。这就需要我们在实践中定时定期地检验目标完成的情况和评估环境的变化,从而做出正确的调整。

(一)规划调整的目的

通过评估和调整,应该达到以下目的:
(1) 对自己的强项充满自信。
(2) 对自己的发展机会有一个清楚的了解。
(3) 找出关键的有待改进之处。
(4) 为这些有待改进之处制订详细的行为改变计划。
(5) 以合适的方式答复那些给予评估的人,并表示感谢。
(6) 实施你的行动计划,确保你能取得明显的进步和成就。

（二）规划调整的时机

实施生涯规划时，必须为日后可能的计划修改预留余地，调整的依据是每次评估后反馈回来的信息。

1.毕业前夕的调整

调整职业生涯规划的第一个最佳时期是毕业前夕。在实习期间，特别是有了求职实践以后，根据实习中和求职过程的体验，依据就业市场供需实际，对职业生涯规划进行调整。这次调整，应该着重于近期目标和其他阶段目标的调整，也可以是长远目标的调整。许多毕业后的学生都有过这样的困惑：实际就业与自己职业理想相差甚远，收入也与期望值有较大差距。出现这种情况的主要原因有三个：一是在进行职业生涯规划时，对就业市场的现实了解得不够；二是环境和本人都有了比较大的变化；三是自己还没完成从"学校人"到"社会人"的转换。

2.从业初期的调整

在充分认识自我，即了解自己能干什么、想干什么的基础上，再从工作的角度出发，适时调整自己的择业标准，将自己心仪的单位及岗位所要求的基本技能和素质最大化地展示出来，以取得工作的最佳效果。当已经有了从业的实践，可以根据从业过程对自身条件进行检验，根据周围环境和自身素质的变化，在职业转换过程中调整自己的职业生涯规划。

这时候的调整一定要记住一个核心、两个基本点、三个"一些"。一个核心：将自己心仪的单位及岗位所要求的基本技能和素质最有效、最大限度地展示出来。两个基本点：一是充分认识自我，准确定位；二是充分了解应聘单位的具体要求。三个"一些"：更新一些观念，掌握一些程序，注意一些技巧。

（三）规划调整的依据

在生涯发展的过程中也会出现这样或那样的问题，如当与社会发展发生冲突时，当与职业发展发生冲突时，当与个人兴趣爱好发生冲突时，职业生涯规划本身就要在发展中不断再调整。所以，当我们在学习工作中出现以下问题时，生涯规划需要调整。

（1）怀疑自己不合格。如果学习或工作时感到痛苦，这可能是自己表现不佳而又不愿正视的问题。因此应该扪心自问：自己到底做得如何？可以请老师或上级对自己的表现做一个评定，以确定是否仍符合他的要求，或者请教一位精明且诚信的同学或同事，为自己做一个非正式的评估。

（2）工作过于轻松。如果自己感到比较清闲就能完成工作，这可能表明我们的能力已远远超越我们的职位而自己却不知道。我们可以问自己几个问题：我们仍然能够从工作中学习别的东西吗？想进一步发展自己正在使用的技能吗？

（3）与老师或者上级不合拍。一种较好的测试方法是：我们在老师或者上级身边时的感受如何？是自在放松还是紧张不安？

（4）与同学或同事不合拍。可以问问自己：当自己与同学或同事交往时，是否觉得格格不入？是否对引起他们兴趣的话题感到乏味和无聊？如果这样的话，那你可能已经陷入一个无法展现自己的环境。

（四）规划的调整定位

大学生要学以致用，学以够用，必须随时关注职场发展，调整职业方向，弄清职场供求变化规律，补充达到目标所需措施，调整职业生涯发展规划，紧随时代，紧随市场，才会以自己的聪明才智和良好的职业素质，为自己今后的职业生涯开拓出宽广而又通畅的发展道路，将职业生涯发展机遇牢牢把握在自己手中。

成功的职业生涯需要不断地调整定位，而合理的职业生涯定位则基于对自己有一个清晰的认识、准确的判断和合理的把握。只有讲求实际，合理准确地评估自己，并不断地加以调整，才能合理定位职业生涯方向，才能每天都朝着这个方向努力前进。

职业生涯是立体、动态的，生涯管理是需要一辈子去投入的艺术。在你生命的不同时期，你可能需要反复地进行这样的探索和规划。

第七章 大学生就业的影响因素分析

第一节 大学毕业生供求的经济学分析

21世纪以来，我国大学毕业生就业形势日趋紧张，这已是不争的事实。如何解决大学毕业生就业问题，成为教育学、社会学、经济学界关注的焦点。从经济学的角度来看，大学毕业生就业问题实质上就是大学毕业生供求失衡。解决大学毕业生就业问题实质上就是如何实现大学毕业生供求均衡。本章从经济学的角度，对大学毕业生供求的含义、影响因素以及如何实现其均衡发展等问题进行分析，以期为解决大学生就业问题提供对策和建议。

一、大学毕业生供求的界定

从经济学角度看，大学毕业生找工作，就意味着他们作为一种生产要素——劳动力进入就业市场，所以，大学毕业生供求是一种生产要素供求，这不同于一般商品的供求，在界定大学毕业生供求时，应该从生产要素的角度进行分析。

大学毕业生需求是指在各种工资水平下，社会各用人单位愿意雇用的大学毕业生数量。不过，真正实现的大学毕业生需求需要同时具备两个条件，即用人单位既有雇用意愿，也有雇用能力，二者不可或缺。如果用人单位对大学毕业生没有雇用欲望（表现为不需要引进大学毕业生）或没有雇用能力（表现为不能满足大学毕业生对工资的要求），就不能形成现实的大学毕业生需求，而只是一种潜在的需求。用人单位之所以雇用大学毕业生，是因为大学毕业生能够通过提供劳动创造价值，给用人单位带来利润，这是一种等价交换。大学毕业生之所以愿意就业，是因为他们通过工作可以获得一定收入，满足自己的各种需要。可见，大学毕业生的供给者是大学毕业生本身，他们为了获得一定收入而提供自己的劳动，大学毕业生的需求者是社会各用人单位，需求者因为大学毕业生能够创造价值而雇用大学毕业生。在市场经济供求规律作用下，供给者和需求者都是自主选择、等价交换、各取所需，双方利益都得到满足。

二、影响大学毕业生需求的因素

从宏观上看，一国经济发展的速度和结构决定大学毕业生需求的总量和结构。社会上就业岗位的增加除了自然减员等因素空出的岗位，主要就是经济发展而增加的就业岗位。一般来说，在就业弹性既定的情况下，经济增长越快，创造的就业机会就越多，对大学毕业生需求的总量就越多。尤其是高新技术进步引起的经济增长，使得对大学毕业生的需求更旺盛。从结构上看，经济产业结构决定专业人才的需求结构，从而决定大学毕业生的需求结构。例如，如果经济产业结构中第三产业比重大，该国对与第三产业相关的大学毕业生的需求就大。

从微观上看，决定大学毕业生需求的是大学毕业生的边际收益（Marginal

Revenue, MR）和边际成本（Marginal Cost, MC）。对于企业而言，大学毕业生与资金、能源、原材料一样，也是一种生产要素，在市场经济条件下，企业拥有更多的用人自主权，不再像计划经济条件下听命于政府的指令，而是着眼于利益最大化，所以企业对大学毕业生的需求主要取决于大学毕业生的边际收益和边际成本。MR 是指追加使用一单位大学毕业生所产生的额外收入，表现为引进的一个大学毕业生给该企业所额外创造的财富、利润等；MC 是指追加使用一单位大学毕业生所产生的额外成本，表现为企业为引进一个大学毕业生所额外支付的工资、福利等成本。按照企业利润最大化原则，如果 MR＞MC，企业会增加对大学毕业生的需求；如果 MR＜MC，企业会减少对大学毕业生的需求；只有当 MR＝MC 时，企业对大学毕业生的需求处于均衡点。可见，一方面，如果 MC 不变，当大学毕业生的人力资本增强进而 MR 提高时，企业就会增加对大学毕业生的需求，反之则减少需求。另一方面，如果 MR 不变，当支付给大学生的工资、福利等减少即 MC 减少时，企业也会增加对大学毕业生的需求，反之则减少需求。

三、影响大学毕业生供给的因素

影响大学毕业生供给的因素主要包括：

第一，高等教育招生规模。显然，高等教育招生规模决定着大学毕业生的供给数量，高等教育招生数越多，大学毕业生就越多，大学毕业生的供给就越多。

第二，用人单位提供的工资水平。谋求一定收入以维持生计是每个择业者最起码的要求，所以，大学毕业生供给必然受到用人单位提供的工资水平的制约。用人单位提供的工资越高,大学毕业生供给就越多;用人单位提供的工资越低,大学毕业生供给就越少。如果用人单位提供的工资水平低于毕业生的期望,就会形成大学毕业生自愿性失业。

第三,大学毕业生的就业能力,或大学毕业生人力资本状况。大学毕业生的供给能否实现,还取决于其人力资本是否符合用人单位的要求。只有符合用人单位要求的大学毕业生才可能被用人单位接纳,否则,即使大学毕业生愿意接受用人单位提供的薪金条件,也难以如愿找到工作。当前许多专科生之所以难以就业,一个重要原因就是他们的人力资本含量比较低,不符合用人单位的要求。此外,一些大学毕业生为了找到理想的工作而冒险伪造各种获奖证书,以证明自己拥有较高的人力资本,这一现象反证了人力资本对于就业的重要性。

第四,大学毕业生的择业观念。观念往往是行动的先导,大学毕业生供给也受到择业观念的影响。如果毕业生对工资收入的期望高于市场均衡工资水平,或者一味向往大中城市、大型企事业单位,或者只愿从事某种特定工作等,这些观念都制约着毕业生的择业范围,影响大学毕业生的供给。

四、实现我国大学毕业生供求均衡的对策

当前,我国大学毕业生供求出现不均衡的状况,大体表现为:总量上,大学毕业生供过于求,但在专业结构上,一些与新科技发展密切相关的专业的大学毕业生供不应求与一些不适应经济社会发展需要的专业的大学毕业生供过于求同时存在,体现为大学毕业生结构性就业问题。为了有效实现大学毕业生供求均衡,应同时从供给和需求的角度着力。

（一）从需求角度看，应扩大对大学生的需求

从大学毕业生需求角度来看，总体思路是扩大对大学毕业生的需求，具体对策有以下几个方面：

第一，从根本上看，扩大大学毕业生需求应该加快经济发展速度，尤其是大力发展高新技术产业，比如信息技术产业。经济发展与扩大就业机会的联系十分密切，伴随着经济发展，人们收入水平就会提高并增加消费需求，进而刺激了各种消费品的生产，导致各企业对人才的需求扩展。如果高新技术产业发展迅速，那么企业对高素质人才的需求就更迫切。如此一来，企业就对大学毕业生产生大量的需求。

第二，进一步扩大企业独立自主经营权（包括用人自主权），使企业本着利润最大化的原则（MR＝MC）自主聘用人才。一个理性的企业为了实现利润最大化，必定以 MR＝MC 的原则确定最佳的大学毕业生需求，在人才引进时，一方面充分考虑 MR，这样企业主要重视的是应聘者的能力而非学历；另一方面充分考虑 MC，即引进人才的成本。企业理性决策的结果是不会盲目追求高学历人才，从而避免"高才低就"这种人才高消费现象，促进形成合理的大学毕业生需求结构。

第三，进一步深化企事业单位人事制度改革，全面推行聘用制。聘用制是一种人员能进能出、"能者上、不能者下"的机制，有助于形成人才优胜劣汰的公平竞争环境，使高素质人才得以优先录用，所以聘用制的实行有助于增加企事业单位对大学毕业生的需求。

第四，政府鼓励并扶助大学毕业生自主创业，使大学毕业生创造出对自身的需求，"自己雇用自己"。客观上看，大学生自主创业是一种有效扩大大学毕业生需求的途径，但和国外相比，我国大学生自主创业还非常有限。目前，

我国大学毕业生自主创业的比例不到毕业生总数的1%，而发达国家一般为20%~30%。自主创业需要具备较多条件，比如一定的启动资金，但大部分大学生毕业时都缺少启动资金，他们迫切需要资金扶持，政府和企业应该给予他们风险投资帮助，为毕业生自己创业提供有利的条件。

（二）从供给角度看，应优化大学毕业生的供给

从大学毕业生供给的角度来看，总体思路是优化大学毕业生供给的数量、质量和结构，具体策略有以下几个方面：

第一，制订合理的高校招生计划，形成合理的大学毕业生供给。我国高校自1999年起连续几年大幅度扩招，结果自2003年起大学毕业生人数大幅度增加，这在一定程度上增加了大学毕业生就业的难度。因此，在高校招生总量上，应全面分析经济发展速度、适龄人口规模、国家经济实力等因素，以此为依据进行科学决策。在招生专业结构上，应密切结合市场对专业需求趋势进行科学预测，社会需求趋旺的专业增加招生数量，社会需求趋弱的专业则减少招生数量。为此，应统计、公布各专业毕业生就业率，参照就业率高低调节招生，就业率高的专业适当增加招生数，就业率低的专业则适当减少招生数。

第二，坚持教学改革，努力提高大学生综合素质即大学毕业生就业能力。为此，一方面应加大对高等学校的投入，增强师资力量，改善办学条件，但更重要的是大学生自身应勤奋努力，自强进取，提高自身人力资本的"含金量"。另一方面，应拓宽专业面，增强各专业的社会适应能力。专业划分过细过多，专业口径过窄、专业的社会适应性差是大学毕业生供求结构失衡的重要原因，只有拓宽专业面、改变过于专门化的专业设置方式，才能增强学生的知识基础、综合能力素质和社会适应能力，缓解大学毕业生供求结构失衡的矛盾。

第三，对大学毕业生进行就业教育和指导，引导他们兼顾社会利益和自身利益，树立合理的期望水平，转变落后的就业观念。如不必一味强求专业对口，一味追求大中城市、经济发达地区和国有企事业单位，以拓展就业范围，解决

大学生就业问题。

第二节 社会资本对大学生就业质量的影响

一、问题的提出

近年来,我国大学生就业问题日益严重,不仅大学生就业率逐年下滑,而且大学生就业质量也不容乐观。对于社会而言,解决大学生的低就业质量问题与解决低就业率问题同样重要。大学生就业质量的低下将会浪费巨额的教育投资,减少社会可投资的资本总量,同时最终也会削弱用人单位的凝聚力,降低其经济效益,从而导致其难以获得可持续发展。因此,对大学生就业质量问题进行研究具有重要的现实意义。

在已有的相关研究文献中,较多学者分析了社会资本对就业问题的影响。瑞典学者托尔斯顿·胡森（Torsten Husen）指出,20 世纪 70 年代社会资本开始进入教育研究领域,关于社会资本对就业质量影响的研究始于"新经济社会学派"代表马克·格兰诺维特（Mark Granovetter）,他在 1973 年发表的《弱关系强度》中指出,与就业有关的信息和机会是通过人们的"弱社会关系"来传递而不是通过劳动力市场来流动和传递的,个人的社会资本有助于解决劳动力市场中的"信息不对称"问题,帮助个人获得就业的信息和机会。日本学者渡边深对东京地区的调查发现,在日本不管是在搜寻就业信息方面,还是在提高职业满意度和职业地位方面,"强关系"和"弱关系"都对就业质量产生一定的影响,而日本人更善于利用"强关系"来实现就业。

国内对社会资本和就业质量的理论研究也取得了初步成果。学者边燕杰提出,我国的个人求职更多的是求助于"强关系"。学者赵延东通过研究发现,社会资本的突出作用表现在劳动力市场尚不健全阶段,70%的职工在就业过程中使用了社会网络途径,求职者拥有的社会资本越丰富,获得的就业机会就较大,工作质量也越高。当前在教育研究领域中引入社会资本正在不断盛行,除了对社会资本的积极效应研究,还涉及对社会资本的消极方面进行深入探讨,不过关于社会资本对大学生就业质量的影响的研究尚不够全面,为此,本节拟在界定大学生就业质量的基础上,全面探讨社会资本对大学生就业质量的利弊影响,为提高大学生就业质量提出相应的对策。

二、大学生就业质量的界定和评价指标

(一)大学生就业质量的界定

大学生就业质量是指大学生通过合理均衡的行业与地域流动,凭借人力资源市场或人才中介组织平台,在自由、公平、安全和具备人格尊严的条件下获得适宜灵活的、可持续发展的就业机会,从而与生产资料结合并获得收入和发展的优化程度。它是一个实质上衡量大学生就业状况和社会整体发展状况的综合性指标,反映的是大学生就业内在的本质特点,即反映大学生就业的结构、层次、动向、性质和优劣等方面。

（二）大学生就业质量的评价指标

1. 工作报酬

工作报酬是大学生就业能力、自身价值的反映，也是社会对其认可程度的反映。大学生工作报酬的可比性也体现大学生劳动权益的实现程度，这是衡量大学生就业质量的核心指标。

2. 工作的稳定性

稳定的工作是大学生生存发展的需要，也是大学生融入社会的基本方式，一般相对稳定、有利于大学生不断进步和发展的就业是高质量就业，而岗位经常变动且没有发展的就业大多是较低质量的就业。

3. 工作环境

工作环境包括涉及劳动保护、劳动安全的自然环境以及涉及企业的声望、职业的声望、社会认同的人文环境，工作本身在社会上是否营造了良好的舆论氛围等。

4. 专业的匹配性

专业匹配是广义性评价指标，是指大学生的工作与其专业相对符合，大学生的工作性质属于某一职业群，而不是要求专业名称与内容绝对一样，专业匹配意味着大学生所形成的人力资本有用武之地，工作得心应手，不会造成教育资源的严重浪费和人才盲目高消费现象。

5. 职业发展规划

大学生作为知识劳动者，有着较强的使命感和实现个人价值的愿望，能够在工作中不断获得培训的机会，持续更新知识和技能，拥有良好的职业发展前景和顺畅的职位晋升通道，这是大学毕业生高质量就业的内在要求，也是影响大学生就业质量的动力因素。

6. 工作条件

工作条件包括工作时间、工作地点等。大学生工作时间是否具有法定性和规律性，工作地点的便利程度等都将对大学生就业质量产生一定的影响。

7. 福利和社会保障

用人单位能否提供良好的福利和完善的社会保障，关系到大学生基本生活的保障和社会公平以及安全感的实现，是高质量就业的前提和基础，是衡量大学毕业生就业质量的人性化指标。

8. 劳资关系的和谐性

劳资关系的和谐需要有健全的劳动法律规范的调节，用人单位与大学生主体在平等协商的基础上签订劳动合同，并且有健全的执行机制予以保障，大学生能够适当参与管理，获得融洽的工作人际关系，工会组织能够适时保障大学生的权益，劳资双方和谐共处。

三、社会资本对大学生就业质量的积极影响

科尔曼（James S. Coleman）在社会资本理论中指出：社会资本是影响大学生就业能力及生活质量的重要资源，它可以从功能上动员社会资本结构的各种要素，帮助大学毕业生实现特定的就业目标。

（一）社会资本有助于降低人力资源市场的工作搜寻成本，提高就业费用支出利用率

从新制度经济学的交易成本角度来看，获取和传递任何市场信息都是要支付成本的。在人力资源市场中，由于信息不充分限制了大学生对就业岗位的内

在要求进行深入了解,大学生要获得有价值的岗位信息就必须支付较高的信息交易成本,承受巨大的经济压力,但大学生所拥有的社会资本网络则有可能提供有益的就业信息,缩短就业信息搜寻时间,节省就业信息搜寻成本。对于拥有就业岗位资源的人来说,甚至能够为大学生求职者直接提供就业岗位。同时,有大量大学生通过单位社会资本渠道进行应聘,单位老员工熟悉单位所在行业的发展规律,对单位所需的人才素质十分了解,对被推荐大学生的品质、能力等方面信息的了解也较为充分,从而使单位人才引进效益相对较高。另外,大学生求职过程中,当就业市场尚未发育成熟时,在各方获取信息困难的情况下,社会资本网络在一定程度上可以成为市场机制的替代物,充当"信息桥"的角色,起到将大学生求职者与所需工作岗位连接起来的作用。

(二)社会资本有助于增强大学生与职位的匹配性

在双向选择的大学生就业市场中,供需双方最大的障碍在于用人单位和求职者彼此拥有的信息不全面,在劳动力市场上普遍存在着信息不对称现象。一方面供方和需方之间的信息不对称,另一方面需方之间的信息不对称。具体表现在用人单位并不了解大学毕业生的有关素质、能力等个人情况,分不清大学毕业生各种证书的真假优劣,很难了解求职者的真实求职期望,而求职者也很难了解用人单位的真实情况,不了解用人单位承诺的可信程度等。但从经济学的委托代理理论不难看出,在用人单位和大学生求职者对社会资本网络成员信任的基础上,通过求职者的社会资本渠道,用人单位和求职者会增强彼此的信任,最终实现人职匹配,劳资双方满意。当前我国的劳动力市场尚不完善,大量的劳动力供需信息交流仍属于非制度化或半制度化的阶段,缺乏一定的公开性,同时由于大学毕业生与社会联系比较有限,获取重要的岗位信息相对困难。因此,通过学校、社团、家庭等社会资本网络,就可以建立起一个可信度比较高的信息网络，获取和搜集可靠的信息，从而奠定大学生和用人主体实现劳资双赢的基础。虽然劳动力市场不健全造成的就业信息不对称会随着市场机制的完善而逐渐得到改善，但各人所处的地位、立场的不同造成的就业信息不对称则是长期的问题，解决这一问题最好的办法就是充分利用大学生自身拥有的社会资本。

（三）社会资本协助大学生把握就业机会，从而使其有更多机会进入主要劳动力市场

二元劳动力市场分割理论认为，劳动力市场存在主要劳动力市场和次要劳动力市场的分割。主要劳动力市场收入高、工作稳定、工作条件好、培训机会多，具有良好的晋升机制；次要劳动力市场则与之相反，其收入低、工作不稳定、工作条件差、培训机会少、缺乏晋升机制，大学生的社会资本层次和性质对大学生进入的劳动力市场层次有相当大的影响。激进的劳动力市场分割理论者甚至认为，劳动者工作所属的劳动力市场与其家庭背景有密切关系，劳动者在进入劳动力市场之前其家庭背景已经决定了他能进入主要劳动力市场还是次要劳动力市场。家庭背景是社会资本的一种来源，确实影响大学生就业的劳动力市场层次，大学生在其父母所从事的劳动力市场就业求职时，更有可能通过这种强关系来获得相关工作信息，把握更多的就业机会。不可否认，大学生就业最重要的一步就是寻找就业机会，就业机会的获得才能给大学生提供多种选择，从而有利于他们获得质量较高的就业岗位。如果得不到就业机会，再优秀的大学毕业生也只能待业。社会资本作为一种自由流动性资源，在当前我国劳动力市场尚不完全成熟的情况下，有着广泛的流动空间，使得大学生可以借助制度性和非制度性两种手段实现就业机会的把握，最终在较高层次的人才市场里具备一定的优势和地位。

（四）社会资本有助于提高大学生自主创业成功率和在岗职业的稳定性

目前在国内的就业领域中，从就业结构的变化看，过去作为就业主渠道的国有用人单位和城镇集体单位吸纳就业能力下降，其他经济单位和个体工商户、私营企业就业人员比例迅速增长。弹性就业（灵活就业）作为一种新型的就业模式正在日益兴起，但是这种包括大学生自主创业在内的弹性就业对社会资本的依赖性更强。美国经济学家贝克尔（Gary S. Becker）认为，个人的社会资本对他人行为的依赖性可以产生重要的外部性。虽然选择创业的大学生一般拥有较多的人力资本存量，有比较强的竞争意识、风险意识和开拓创新意识，但毕竟在行业规律的把握和创业项目的驾驭方面需要支持。如果拥有较为丰富的社会资本，较为广泛的社会关系，必然导致个体从属于群体乃至个体消失于群体之中的局面，正如波特斯（Portes）所言："社会关系网络能够更好地控制个人的行为并提供获取资源的优先渠道；但社会关系网络同样可以限制个人的自由，并阻止外人获得同一资源的渠道。"

四、社会资本导致"家长就业"，严重影响大学生公平就业竞争

大学生就业过程中的社会资本变量主要包括：学校的就业指导中心、家庭背景（父母的教育水平、社会地位和职业层次）、亲戚的数量及这些人的职业和职务情况、生源地（农村还是城市）、户口和用人指标等。社会资本水平高的大学毕业生，就业期望值较高，求职信心强，求职难度相对较小，最终就业

概率较高；在其他方面处于相对弱势的毕业生（教育层次较低的毕业生、非重点高校的毕业生等）明显感受到缺乏社会资本的危机和劣势。中国社科院"当代中国社会阶层结构课题组"发布的《当代中国社会流动》报告显示，从20世纪80年代以来，在处于较为优势地位的社会管理者、经理人员、专业技术人员阶层中，代际继承性明显增加，代际内流动明显减少；而处于经济社会位置较低阶层的子女，要进入较高阶层，其门槛明显增高，两者间的社会流动障碍在强化，职业地位的获得不断转向出身优势家庭背景的人。社会资本分布不均使大学生可能通过非竞争行为获得非劳动收益，人力资源市场非竞争性行为突出表现在非竞争性同时存在于供给主体和需求主体中。从供给主体看，非竞争性表现在大学生就业的隐形的关系竞争强于显性的能力竞争。从市场化需求主体的用人单位看，在引进人才的过程中形成"关系竞争"，提供方便的潜规则，同时就业市场机制的缺失以及用人单位用人机制的僵化反过来又为非竞争性行为提供制度保障，双重影响使得非劳动性收益显著，这种收益带来的延展效应诱使越来越多的大学生把更多的努力投入非能力竞争中去。目前在大学生就业竞争中父母的作用越来越大，以致被新闻媒体报道为"大学生就业进入'家长就业'时代"，严重影响大学生公平就业竞争。

五、社会资本参与下的就业环境促成大学生就业的"劣胜优汰"式逆选择

大学毕业生的人力资本是在先天禀赋的基础上通过后天长期学习得到的，而社会资本则是家庭或团体通过调动、支配和掌控关系资源甚至公共资源形成的。在大学生就业过程中，本应该是以人力资本为主、社会资本为辅，但目前

实际上已经出现了人情本位和能力本位的错位,大学生求职不是通过个人能力竞争,而是通过父母、家族、亲属等社会关系的大比拼来实现。公共权力和社会关系在大学生就业领域的介入,严重扭曲了人才市场科学配置人力资源的调节功能,使得用人单位很难择优录用,空缺岗位得不到优秀的人才,而拥有杰出能力的大学生又无法进入合适的岗位,在"社会关系"这道人为的门槛前,许多拥有丰富社会资本的大学生为实现就业,竭尽所能利用家庭背景、社会关系等资源为求职开路,部分能力素质较高但却缺乏社会资本的大学生,在求职过程中却屡屡碰壁。大学生求职由能力竞争变成了社会资本的比拼,这样直接导致庸才就业、良才失业的逆向选择,显然这是一种"劣币驱逐良币"或"劣胜优汰"现象。

六、社会资本盛行的就业氛围滋生大学生畸形的就业意识和认知观念

大学生拥有的社会资本存量不同,社会关系不平衡以及部分用人单位任人唯亲、宗派主义、裙带关系等不正之风的存在,在严重干扰大学生就业市场健康发展的同时,也会使大学生产生对社会逆反的心理。在高等教育扩招的大背景下,社会提供的职位毕竟是有限的,总有一些大学生无法顺利就业,当看到一部分大学生多渠道地利用社会资本实现就业,人为地剥夺其他大学生参与平等竞争的机会和资格的时候,必然会加剧大学生就业的心理压力,使他们在情感上遭受巨大挫折,认为社会就是一个"世俗关系型"社会,从而形成急功近利、投机取巧的浮躁心态,逐渐扭曲健康的人生观、价值观,对社会的价值标准、做人准则产生怀疑,在消极情绪支配下的求职行为甚至会成为社会的不稳

定因素。同时，由于大学生拥有的社会资本的异质性与排斥性，很容易导致大学生群体产生心理失衡障碍，不利于培养大学生能力本位理念和创新竞争意识，也不利于大学生在实践中树立勤奋求学、积极进取、独立自主、顽强拼搏的精神。有些大学生荒废学业、不思进取，畸形地认为实现就业就得依靠社会关系，投入大量的时间和精力去构建社会资本网络，而忽视品德素质和能力技能的培养。

七、结论与政策建议

本节在界定大学生就业质量的基础上分析了社会资本对大学生就业质量的利弊影响，社会资本作为根植于社会关系之中的一种稀缺性资源，在高等教育大众化和大学生就业竞争异常激烈的背景下对大学生就业质量有着双面效应。一方面，社会资本的运作对大学生就业信息的获取、就业政策的了解、就业时机的选择、就业机会的把握以及就业单位性质和就业地区的选择、工资福利的期望、职业声誉的追求等方面都将起到信息枢纽作用，在一定程度上缓解了大学生的就业压力；另一方面，社会资本本身天然具有排他性，如果对社会资本过度依赖，就会人为地剥夺部分大学生参与平等竞争的机会和资格，加大职业搜寻成本和难度，使农村和城市弱势群体大学生就业处于不利的地位，同时这也加剧了大学生就业的心理压力，使他们对社会的价值标准、做人准则产生怀疑。因此，在实践中，我们要充分发挥社会资本对大学生就业质量的积极作用，促进大学生就业质量的提高，同时也要注意避免社会资本的不利影响。

第一，高校和大学生要树立社会资本意识，培育、积累和优化社会资本。毕业生应该在人际网络中更多地发挥主观能动性，积极开发和利用已有的资源，实现社会资本的增值；高校应引导学生提高社会资本的甄别、动员和组织能力，优化社会资本结构，为大学生就业提供一条正当合法的社会资本渠道，通过健康的社会资本推动、协调大学生就业，提高大学生的人力资本投资收益。

第二，国家应建立社会网络与信息网络体系，完善社会的公平机制与监督机制，协调社会资本的不平等性。针对大学生就业中的暗箱操作、使用人情关系等腐败现象，做到就业信息公开，以确保大学生各得其所、才尽其用，重新构建大学生就业者的信心与为社会服务的理想，保证大学生感受到制度化的公平公正，而不是人为造成的相对"剥削感"，防止社会资本在某一大学生群体过度集中，严格限制公共权力对社会资本的渗透与污染，为大学生就业提供正当的社会资本渠道。

第三，政府应加强劳动力市场法制建设，加快大学生就业市场化进程。为保证就业的公平，政府应该出台促进公平就业的法律，明确大学毕业生就业工作的主体、责任、经费、路径和相关人员回避等，避免性别歧视、地域歧视、年龄歧视、不同毕业学校歧视等，消除各种各样的不公平竞争，逐渐打破就业中的地域、行业分割，消除就业壁垒，完善开放灵活的人才市场配置机制，完善社会流动机制，实现资源共享和机会公平，最终使大学生就业市场真正以实现和维护大学生的就业利益为出发点。

第四，用人单位应打破求职壁垒，发挥激励性健康用人观的"指向标"作用。用人主体应该消除就业歧视和障碍，自主选才，量才适用，建立和完善科学、规范的选人用人机制，使大学生在职业生涯中树立公平理念、竞争意识和诚信精神，建立以能力和素质为导向的培训开发机制，构建人性化的绩效激励体系，让大学生从培养自己软实力的角度来提升自己的就业竞争力。

第三节 人力资本与大学生就业的专业特征

一、问题的提出

21世纪以来,我国大学生就业形势日益严峻,成为政府、公众和学界共同关注的热点社会问题。其中,不同专业大学生的就业率、就业收入、专业对口性、工作稳定性等就业状况存在明显差别,表现出较强的专业特征,这一现象也逐渐引起了学者们的关注。例如,麦可思研究院自2016年起每年发布的《中国大学生就业报告》中,就比较详细地描述了不同专业大学生的就业特征;还有一些学者通过调查数据,分别分析了一些具体专业(例如体育专业、社会学专业、经济管理类专业等)大学生的就业状况、成因及对策。不过,总体上,关于大学生就业的专业特征的一般性理论研究并不多见,已有相关研究大多只是一种现象描述和对策,缺乏深入的成因分析。并且,关于成因分析的视角主要立足于劳动力供给和劳动力需求。诚然,劳动力供求视角能够在一定程度上合理解释大学生就业的专业差异性或专业特征,但是,由于影响就业率、就业收入、专业对口性等就业特征的因素除了劳动力供求,还有个体的人力资本因素,仅仅从劳动力供求的角度还不能完全解释这些专业特征。此外,劳动力供求视角不能有效解释就业稳定性这一就业特征。总之,劳动力供求理论不能完全解释大学生就业的专业差异性。鉴于此,本节拟以2009年至2014年的《中国大学生就业报告》数据为基础,以英语专业本科生为例,探究人力资本对大学生就业的专业特征的影响,并就如何促进不同专业大学生就业提出相应的建议。

二、人力资本与大学生就业的专业特征：理论分析

（一）人力资本的含义及类型

20世纪60年代诞生的人力资本理论的奠基人之一舒尔茨（Theodore William Schultz）认为，人力资本是指凝聚在劳动者身上的知识、技能及其所表现出来的能力。人力资本对于增加个人未来的收入、促进国家经济增长和发展具有重要作用。一般而言，在其他条件相同的情况下，劳动者的知识、技能越丰富，其人力资本存量越大，收入就越高。人力资本通过人们在自己身上投资而形成，主要的形成途径包括教育培训、健康投资、劳动力流动和工作经验（即"干中学"）。按照不同的标准，人力资本可以分为不同类型。

按照使用范围，人力资本可以分为通用性人力资本和专用性人力资本。通用性人力资本是由一般性、基础性、普遍适用性的知识和技能构成。例如，人际沟通能力、逻辑思维能力、语言表达能力等，能够广泛用于大量不同的行业、企业或职业领域。专用性人力资本由特殊的知识和技能构成，例如，汽车维修知识与技能、牙齿矫正技能、财务审计技能等，往往只能用于特定的行业、企业或职业领域。根据使用领域的不同，专用性人力资本可以进一步划分为行业专用性人力资本、企业专用性人力资本和职业专用性人力资本等。

按照存在范围，人力资本可以分为共有性人力资本和专有性人力资本。与物质资本不同的是，人力资本存在于人身上，与个体须臾不可分离，不过，有的人力资本被许许多多个体所掌握，存在于大量个体身上，这种人力资本可称为共有性人力资本（类似于公共产品），例如存在于数以亿计的高中学历者身

上的基本学科知识和基本逻辑推理能力。还有的人力资本只存在于经过特殊培训学习、有特殊工作经验的少数个体身上，例如，航空飞行技能、刑侦知识与技能等，这种只存在于特定人群身上的人力资本，就是专有性人力资本（类似于私人产品）。显然，专有性人力资本具有很强的排他性或不可替代性，通常人们谈到的"隔行如隔山"，本质上指的是不同行业、专业、职业的个体所掌握的人力资本显著不同，彼此之间难以替代甚至难以沟通理解。而共有性人力资本具有很强的可替代性。显然，个体的人力资本共有性越强（即专有性越弱），就业竞争性和难度就越大。从劳动力的异质性以及同质性角度看，人力资本共有性强的劳动力更可能是同质性劳动力，而人力资本专有性强的劳动力更可能是异质性劳动力。

（二）专业的人力资本特征及其对就业的影响

前已述及，教育作为人力资本投资的主要形式，个体受教育程度越高，积累的人力资本水平就越高，所以，大学毕业生的人力资本水平高于中专和高中毕业生。自《中共中央国务院关于深化教育改革全面推进素质教育的决定》颁布以来，我国越来越多的高校将人才培养目标定位为"高素质人才、创新型人才和复合型人才"，各高校在课程设置方面，在保证必要的专业课程前提下，大幅度增加通识课程（或综合素质类课程），因此各专业大学毕业生人力资本既具有通用性又具有专用性，既具有共有性又具有专有性。但是，不同专业毕业生的人力资本通用性（专用性）、共有性（专有性）强弱不一样，这是由专业的人力资本性质决定的。

从人力资本的使用范围来看，有的专业人力资本具有很强的职业专用性，例如工科专业、医学专业、计算机专业等；有的专业人力资本则具有较强的职业通用性，例如数学、社会学、心理学专业等。从人力资本的存在范围来看，专业的专有性（共有性）程度很大程度上取决于专业毕业人数以及专业的难易程度。专业毕业人数越多，专业的难度越低，则专业人力资本的存在范围越广，其共有性就越强（如语言类专业）；反之，专业人力资本的专有性就越强（如医学专业）。

根据以上理论分析，可以提出以下关于"专业的人力资本与大学生就业"的假设：

命题1：在其他条件相同的情况下，专业的人力资本共有性与就业率成负相关，即：专业的人力资本共有性越强，就业率就越低。

命题2：在其他条件相同的情况下，专业的人力资本通用性与就业收入成正相关，即：专业的人力资本通用性越强，就业收入就越高。

命题3：在其他条件相同的情况下，专业的人力资本专用性与专业对口率成正相关，即：专业的人力资本专用性越弱，就业的专业对口率就越低。

命题4：在其他条件相同的情况下，专业的人力资本通用性与工作稳定性成负相关，即专业的人力资本通用性越强，就业的工作稳定性就越弱。

那么，这四个命题是否成立呢？下面结合麦可思研究院发布的《中国大学生就业报告》数据，以英语专业为例，对此进行检验。

三、人力资本与大学生就业的专业特征：基于英语专业的实证分析

（一）英语专业的人力资本特征

从人力资本的使用范围来看，英语专业广泛适用于各种职业、行业和企事

业单位，本科英语专业人力资本的通用性较强，而专用性较弱。这是因为，英语本质上作为一种语言交流工具，无论是作为口语还是书面语，无论是用于听、说、读、写还是译，在各行各业中都有广泛的用武之地。尤其是随着全球经济的一体化趋势日益突出，我国对外开放的广度和深度不断增强，中国经济越来越融入世界，成为世界经济不可或缺的一部分，我国出口经济和对外贸易逐年增长，对外贸易额在世界范围内具有举足轻重的地位。此外，随着我国市场化改革的不断深化，市场经济体制的逐步完善，我国外资企业、中外合资企业等的数量和比例也日益提高，在这种背景下，我国涉外企业、行业与职业日益增多，而英语是一种世界性语言，在企业的国际交流中应用最广。因此，越来越多的行业、职业和企业都需要英语专业人才，这意味着英语专业的使用范围不仅广泛，而且日益扩大。可见，英语专业的人力资本具有很强的通用性。

从人力资本的存在范围来看，英语专业人力资本广泛存在于大量高校毕业生之中，本科英语专业人力资本的共有性较强，而专有性较弱。这是因为，一方面，英语作为升学必考科目和求职敲门砖，非英语专业大学生从初中（有的甚至从小学）到大学阶段一直都学习英语。英语作为中考和高考的必考科目，所有中学（甚至小学）都开设了英语课，大学生经过了中学阶段6年英语学习，且通过了高考，已经具有初步的英语知识基础。在大学阶段，大学生依然非常重视英语学习，所有高校都开设了两年的大学英语课程。部分大学生为了获得英语四、六级证书进而获得更多、更好的就业机会，将大量时间、精力用于英语学习。此外，还有很多大学生为了考取研究生，在大三、大四仍然学习英语。总之，非英语专业大学生用于英语学习的时间、精力非常多，换言之，英语知识技能也存在于所有非英语专业大学生身上，所以，英语专业人力资本具有很强的共有性，而专有性较弱。

另一方面，自高校扩招以来，我国本科招生人数和毕业人数大幅度增加，尤其是教育成本更低的人文社会学科扩招幅度更大,英语专业也不例外。本科英语专业毕业人数的大幅度增加,也意味着英语专业人力资本存在的范围也大幅度扩张,即英语专业的共有性增强。

根据前述四个命题,从英语专业具有人力资本通用性强、专用性弱、共有性较强的特征,可以推测:英语专业大学生就业收入较高,但专业对口率、工作稳定性和就业率较低。这些推测是否成立,将证实或证伪以上四个命题。因此,需要对这些推测进行检验。

(二)英语专业大学毕业生就业的特征与成因

麦可思公司创建于 2006 年,是中国首家高等教育管理数据与咨询的专业公司,是高校、社会大众、用人单位和政府公认的权威性数据机构。麦可思公司自成立以来,每年对毕业半年后的大学生就业状态和工作能力等进行全国性调查,每三年针对雇主对大学生的能力要求和雇用情况进行全国性调查研究。麦可思公司每年的有效调查问卷都在 20 万份左右,样本容量非常大,代表性很强。2009 年以来,麦可思公司每年出版的《中国大学生就业报告》(就业蓝皮书),成为目前国内研究大学生就业问题的权威性数据来源。通过对《中国大学生就业报告》的分析,可以发现,英语专业本科毕业生就业具有如下特征:就业率、专业对口率和工作稳定性较低,而就业收入较高。表明推测结论成立,验证了前述四个命题。

下面进一步从人力资本的角度对英语专业大学生就业特征进行分析。

第一,就业率较低的原因在于英语专业的人力资本共有性较强。由于英语专业具有很强的人力资本共有性,而专有性程度较低,可替代性较低,导致在劳动力市场上,不仅英语专业毕业生相互之间存在竞争关系,而且其他专业毕业生也有能力挤占英语专业毕业生的工作机会,成为英语专业毕业生的竞争对手。例如，以前英语专业的毕业生一直是外企、合资企业青睐的对象，但现在有许多外企、合资企业并不刻意选择英语专业的毕业生，一些诸如旅游、经济类企业更倾向于选择既有英语能力也有行业专业知识和特长的"复合型"人才。可见，英语专业人力资本共有性强，意味着英语专业人力资本供给巨大，在劳动力市场对英语专业人才需求既定的情况下，英语专业毕业生逐年增加，就业竞争日趋激烈，英语专业就业率下降就成为必然的结果。

第二，工资水平较高的原因在于英语专业的人力资本通用性较强。尽管英语专业毕业生就业率较低，但是已经就业的英语专业本科生在毕业半年后以及3年后的工资水平都高于平均水平，原因也与英语专业人力资本通用性较强关系密切。一方面，由于人力资本通用性较强，能广泛用于不同的行业、职业和企业，因此英语专业毕业生的就业面比较广。"人往高处走、水往低处流"，在追求利益最大化的理性动机作用下，求职者自然优先选择收入高、待遇好的职业，所以，许多英语专业毕业生能胜任并从事很多收入较高的职业，如销售经理、销售工程师、翻译等。

第三，专业对口率较低的原因在于英语专业的人力资本专用性较弱。由于英语专业人力资本专用性较弱，与专业对口的职业较少，结果必然是专业对口率较低。这也表明大量英语专业毕业生从事着专业不对口的工作。当然，专业不对口未必不是理性选择，当专业对口的工作机会供不应求时，如果没有专业对口的工作机会，那么与其强求专业对口而失业，不如拓宽就业面，选择专业不对口的工作以实现就业。

第四，工作稳定性较低的原因在于英语专业的人力资本通用性较强。人力资本理论的另一位奠基人贝克尔认为，由于企业专用性人力资本只适用于特定的企业，而在其他企业将无用武之地或贬值，所以具有专用性人力资本的工人不愿意辞职。相反，企业通用性人力资本在许多企业都有用武之地，企业通用性人力资本促进了工人的辞职。可见，企业通用性人力资本促进了工人在企业之间的流动（即辞职率、离职率或跳槽率）。与此同理，行业、职业通用性人力资本则促进工人在行业、职业间的流动（表现为行业、职业转换率）。这一规律也适用于英语专业人力资本。换言之，英语专业人力资本较强的企业、行业和职业通用性，促进了英语专业毕业生在企业、行业和职业之间的流动，所以英语专业毕业生的工作稳定性较低。

四、人力资本视角下促进大学生就业的对策：以英语专业为例

人力资本对大学生就业的专业特征具有重要的影响，不同专业由于人力资本通用性和共有性强弱不同，在就业率、收入、专业对口率和工作稳定性方面都表现出不同的就业特征。从人力资本的角度看，可采取下列对策以促进大学生就业。

第一，增加大学生人力资本存量。无论是通用性还是专用性人力资本存量的增加，都能提高就业机会和工资收入。所以，提高英语专业毕业生人力资本水平，是促进其就业的有效途径。具体对策包括：高校应加大教学改革，采用高效的英语课程教学方法，提高英语教育质量；大学生应坚定"一分耕耘一分收获"和"越努力就越有成功机会"的信念，珍惜时间，勤奋学习，努力提升人力资本水平。

第二，降低专业人力资本共有性。由于英语专业就业率较低的一个原因在于英语专业人力资本共有性较强，因此提高就业率须降低英语专业人力资本的共有性。从逻辑上看，有效思路之一在于降低非英语专业毕业生的英语知识技

能,但这种思路在实践上缺乏可行性,也不合理。相对而言,比较可行的措施是扩大高校招生自主权,根据劳动力市场对纯英语专业人才需求减少的变化形势,适当减少英语专业招生量,以减少英语专业人力资本的存在范围(即人力资本共有性)。

第三,鼓励就业率低的专业大学生选择第二专业。如前所述,英语专业人力资本通用性较强,尽管有利于扩大就业机会、提高工资水平,但也降低了专业对口率和工作稳定性。可见,英语专业人力资本通用性较强对就业的影响利弊参半,"扬长避短"成为促进英语专业就业质量的重要思路。根据这一思路,应在保持英语专业人力资本通用性较强优势的同时,引导英语专业大学生形成和发展第二专业人力资本。具体对策包括:一方面,改变高校培养纯外语人才的模式,走复合型人才的道路,培养"英语+专业"的实用型人才。在英语专业设置上,减少纯英语专业的设置,增加应用英语、商务英语、翻译等实用性英语专业。另一方面,高校应支持就业率高的学院提供第二专业学位,鼓励学生错位发展、辅修第二专业,为有志于获得双学位的英语专业本科生创造相应的机会和条件。

第八章　大学生就业权益意识培育现状及对策

社会生活中的各种不确定因素，都可能使大学生面临就业风险，有效地规避各种就业风险，培育大学生就业权益意识，是保障大学生就业成功与就业权益的重要途径。本章将围绕大学生就业风险的规避及就业权益的保护展开论述。

第一节　大学生就业权益意识培育存在的问题

当代大学生就业权益意识存在的问题主要体现在大学生意识、大学生行为、高校培育三个方面：大学生就业权益意识淡薄，对法治制度认知水平较低；大学生维权行为消极；高校不重视大学生就业权益意识的培育。

一、大学生对就业法律知识的学习不够

大学生具有就业权益意识的前提是他们是否有足够的法律知识储备来支撑维权行为。掌握一定的法律知识可以使大学生规避求职、就业过程中的风险，

同时对于法律条文和法律救济途径等能够具有正确的认知和精准的定位。大学生对于就业法律法规了解的不足对于他们的求职过程来说是非常困难的。例如,在求职初期,不清楚是否一定要签订就业协议,不知道就业协议与劳动合同的区别、试用期的时间限制以及试用期是否应该签订劳动合同等。在求职就业中期,不了解劳动合同中的条款,不知道用人单位所拟定的劳动合同条款是否符合国家法律规定等。在就业后期,不知道用人单位所代缴的五险一金的标准是否在国家法律规定的范围内等。这些问题都是缺少法律法规知识的表现,而对于这些相关法律法规知识的学习,大学生往往采取一种事不关己的态度,认为就业侵权是小概率事件,不必掌握这些无用的法律知识,所以一旦出现侵权事件,他们就不能采取理性、正确的维权行为来捍卫自己的权益。

二、大学生对就业侵权行为的应对无力

由于目前劳动力市场基本上处于"买方"市场,用人单位处在绝对的优势地位,初入社会的大学生就业权益遭到侵犯时,很多人选择默认、不发声,甚至是逆来顺受。有些处于实习期的大学生为了留在实习的工作岗位上,从而获得转正的机会,即使在用人单位侵犯了其就业权益的情况下,也选择默默接受这种侵权行为,如无休止无补偿地加班、任意延长实习期、实习期工资低于法律规定的工资标准等。这些大学生认为,向有关劳动部门反映公司侵权的情况耗时间、耗精力,况且这样会失去一个转正的机会。

有些大学生在遭遇侵权行为后,甚至本着一种多一事不如少一事的心态,认为不过是损失一些时间和金钱,并没有对自己的人身安全造成实质性的伤害,所以不会选择采取维权行为来维护自己的合法权益。而有些大学生即使有

维权的想法，但迫于无良企业的威胁和压迫，也不敢发出维权的声音。

三、高校缺乏对大学生就业权益意识的教育

（一）教育目标单一，忽视权益意识培育

形式主义教育，忽视了大学生的公民意识培育、权益意识培育，难以实现思想政治教育的实效性，甚至部分学生认为思想政治教育是无用的。以往我国高校对于大学生法律意识的培养，过分强调权利与义务的关系，混淆了权利与权力的概念，甚至没有正面地讲解过权利与权力的区别，随着频频出现的权力腐败问题，学生将权益意识的培养看成假大空的形式主义，把权利与权力当成是对立的。

（二）教育方法传统，忽略大学生的主体意识

我国教育模式的弊端在于过分依赖课堂上的理论灌输，大学生的知识都是来源于教师的讲授讲解。这种教师在讲台上讲、学生在下面听的单一化模式很容易造成课堂缺乏趣味性，大学生在学习过程中感到枯燥乏味，失去学习兴趣。

同时，由于我国的应试教育制度，大部分的学科知识都是用来应付考试，大学生对于自己想了解的知识只能从网络上或者家庭教育中获得，但这些渠道并不能保证知识来源的科学性，一句"不在考试范围内"很有可能使学生按照框架式的模式去塑造自己的知识结构，忽视了分支出来的那些更具有实际性的知识。

在教学内容上，权益意识在思想政治教育的主要培育内容当中只占到很小部分，教育者并没有将其作为主要的教学内容，从而忽视了权益意识培育的重

要性。高校的思想政治教育,内容理论性较强,缺少实际性的内容,所以增加一定的权益意识培育可以丰富思想政治教育的理论内涵。在课堂上,教育者过分关注自己的教育者角色,没有充分发挥大学生的主体性,忽视了大学生对于权益意识教育的需要。

(三)教育者专业制约,欠缺法律教学能力

对于高校来说,要想做好大学生就业权益意识培育工作,首先要提高教育者的法律意识。高校思想政治工作者法律素养的高低直接影响着受教育者的法律素养水平。由于高校教育者专业所限,多数思想政治教师、辅导员是思想政治专业背景,法律相关知识储备不足,法律教学能力较弱,很难承担培育学生就业维权意识的教育任务。所以教师应及时拓宽自己的知识领域,掌握相关的法律知识,提高法律知识教学能力,这不但有利于完成教学目标,也有利于提升高校教师队伍的整体素质。

第二节 大学生就业权益意识培育存在问题的解决对策

新时代背景下大学生的就业权益意识普遍有所提升,但对于大学生就业权益意识的培育还存在一些问题,分析出现问题的原因,寻求解决问题的思路也是摆在思想政治教育工作面前一项亟待解决的重要任务。

一、优化劳动市场环境

劳动市场管理部门是维护大学生就业权益的社会执行者。从社会的就业市场环境来看,保护大学生就业权益不受侵犯的关键是相关部门要提高对用人单位经营资质的监察、管理以及惩罚力度。

(1) 由劳动监管部门派出专门的人员管理,将用人单位分成若干组,采取小组负责制,小组成员负责互相鉴别用人单位资质,确保招聘企业不是皮包公司。每一季度对用人单位进行一次抽查,主要检查用人单位的招聘行为是否符合法律规定。同时,对用人单位负责招聘的人事人员进行培训,使他们树立正确的认识,不得对求职人员的性别、民族、身体缺陷等产生歧视心理。

(2) 建立商户监督制度,每一家用人单位都要在招聘启事上清楚地注明招聘条件,各个商户互相监督,如招聘条件中有就业歧视的现象以及其他侵犯大学生就业权益的招聘条件出现时,可直接向所在地劳动管理部门举报,并对举报者给予一定的物质奖励。

(3) 建立反馈回访机制。由劳动市场管理部门记录每一位求职成功的求职者的个人信息以及求职成功的用人单位信息,每隔一段时间,采取电子邮件或电话回访的方式,询问所在用人单位是否能够认真履行合同内容,确保大学生在日后的工作过程中,就业权益不受侵犯。

环境对于思想政治教育活动和思想政治教育对象的思想品德形成和发展产生着重要影响。哲学家德漠克利特认为,人需通过环境的熏陶、日常的锻炼和教育而获得第二本性。通过对劳动市场微观环境的改善,形成良好的就业风气,从而影响人们的意识形态建设,并逐渐地将思想认识外化为实际的行动。建设和谐的就业环境无论是对大学生的权益,还是对用人单位的利益都是一种无形中的保障，更是促进社会公平正义的一个重要举措，同时对于大学生就业权益意识的建设与提升也具有十分重要的作用。

二、更新高等教育理念，构建就业权益意识教育体系

（一）提高培育就业权益意识的重视程度

1. 高校教育管理者要统一思想

由高校教育管理者召开专门会议，总结目前大学生就业权益意识的现状及存在的问题，并分析原因，提出解决大学生就业权益意识建设与提高的具体实施方案，制订就业权益意识建设详细的培育计划，并将此作为重要的指示文件传达给下级部门。以教职工的工作作为突破点，充分发挥教职工的带头指导作用，通过下达上级部门的工作指示和目标任务，提高教育者对于培育大学生就业权益意识的重视程度。遵循思想政治教育的根本原则，保证就业权益意识培育工作的方向正确，也为就业权益意识培育工作的开展增加了一定的力度。通过下达到各个级别的工作任务，调动教育者开展就业权益意识培育工作的积极性。

2. 丰富相关教育方式

由思想政治课教师、辅导员以及学校的宣传部门联合组织开展就业权益宣讲会，或者开展相关的文体活动，以生动有趣的方式将就业权益的相关内容传达给学生。思想政治课教师可以根据大学生不同的个性特点，分层次地组织学生开展活动，对于较低年级的大学生，可以通过讲座、辩论赛的形式影响大学生就业权益意识形态的建设；对于较高年级马上有求职需求的大学生，可以通过参与模拟就业活动等方式提高其就业权益意识。对于个性较强的大学生，可

以采用说服激励的方法，使他们参与到就业权益意识的培育活动当中去。高校辅导员可以通过与大学生日常生活的深入接触，了解大学生能接受的、所喜爱的教育方式，并根据大学生的喜好，结合实际转变、更新教育方式。

3. 扩展相关教育内容范围

学校的教务处可以扩大、更新学科的选择范围，用新颖的学科替代传统学科，或者增加几门专业的法律科目作为选修课。以普及法律知识为辅，培育大学生就业权益意识为主，逐步加强就业权益在校内和校外的曝光度，从根本上提高大学生对于就业权益等法律知识的重视。这样，既完善了高校的学科发展，又为社会培养了符合社会发展的新型人才。

4. 重视发挥校外实践教育活动的作用

由高校和劳动部门、社区街道相互配合，组织大学生开展社会实践活动，普及就业权益相关法律常识。例如，在每年的宪法宣传日，可以组织大学生到社区开展普法活动，使每个大学生参与到实践活动中，根据参与活动的切身经验，认识自己在法律常识方面的不足，从而增强就业权益意识。

（二）深化培育就业权益意识的教育改革

1. 提高思想政治教育工作者的法律素质

思想政治教师以及辅导员作为培育大学生就业权益意识最直接的教育者，需要树立法律意识、提高法律素质，来保证大学生就业权益意识培育内容的方向性、准确性、科学性。因此，需要先提高教育者的法律素质、法律意识，为培育大学生就业权益意识提供根本上的保障，也为大学生就业权益意识培育体系的建构打下坚实的基础。

2. 加强思想政治教育课程管理

深入贯彻大学生就业权益意识培育的理论与实践相统一的原则，综合考量大学生理论与实践的整体表现，重视大学生理论与实践能力的双发展。这样，不但可以使大学生了解到一定的法律知识，提升大学生的就业权益意识，也增强了大学生理论与实践相结合的能力。

3. 建立严格的教学评价制度

教学评价制度中的考核主要包括教师教学水平、教学内容、学生状态等方面。

（1）教师教学质量。每学期期末，根据大学生的思想政治教育课程的成绩以及在课外实践等方面的综合表现，对教师的工作成果进行评估。向大学生发放调查问卷，了解教师是否能够按时完成思想政治教育的教学目标，教学方式是否枯燥、不易于接受。通过对教师教学质量的考核，督促教师提高对于大学生就业权益意识培育的重视程度。

（2）教学内容。由高校教务处根据国家的教育目标和教育方针，严格审查各年级思想政治教育的课程内容，要求教学内容与时俱进，注重实践，与大学生心理特点相适应，尤其要重视思想政治教育课程与社会热点问题、与社会实际的联系，增加大学生就业权益的相关教学内容。

（3）学生状态。由辅导员、学生会组织考查学生在课上、课下的学习状况以及参加学校组织的学术讲座活动的出勤率，密切关注大学生关于就业权益的意识形态建设情况，将大学生就业权益意识水平的高低纳入学业水平的考核范围。

三、提高就业风险认知，培养自我就业权益意识

（一）明确自身权利与义务

《中华人民共和国劳动合同法》（以下简称《劳动合同法》）规定劳动者所享有的权利有：平等就业权、选择职业权、劳动报酬权、获得劳动安全卫生保护的权利、享有休息的权利、享有社会保险和福利的权利、接受职业技能培训的权利、提请劳动争议处理的权利等。劳动者所承担的义务有：完成劳动任务、提高职业技能、执行劳动安全卫生规程、遵守劳动纪律和职业道德。

随着大学生对于权益保护的重视程度提高，在遇到权益纠纷事件时，往往受不良文化的影响，盲目、过分地提出无理的要求。《劳动合同法》的确可以保障劳动者权利不受侵犯，但是也规定了劳动者所应承担的义务，义务是享有权利的前提。部分初入社会的学生由于职场经验不足，对于权利和义务没有明确的认识，混淆了权利和义务的区别，在没有保证履行合同中工作义务的情况下，肆意地向用人单位提出涨工资、延长休假等要求。

有些大学生对自己所享有的权利一无所知，有些用人单位为了最大限度地提高劳动者的工作时间，美其名曰为了公司的发展、为了个人的发展，给大学生分配大量的工作任务并且不予支付加班费用。这种情况不是个例，是普遍存在的现象。以上情况，劳动者可以保留证据，立即向劳动部门反映，并要求企业支付其应得的赔偿。

（二）培养劳动权利意识

劳动者应仔细查证用人单位营业执照的真伪，经营状况是否良好，所发布的招聘信息是否属实。可以通过网络、工商部门查询，条件允许的情况下，可

以实地考察。对于提出缴纳培训费、收取押金、扣留身份证的用人单位要提高警惕性,并及时向劳动部门举报。在签订劳动合同或就业协议时,要认真阅读合同内容,要了解清楚自己的具体工作职能。合同中要清楚地表明工作内容和工作地点;对于薪资待遇要有明确的约定;规定清楚劳动者加班补助的计算标准。劳动者要警惕合同中的不合法内容;注意试用期的时间,法律规定试用期最长不得超过 6 个月。

(三)要有劳动证据意识

切记保留好劳动合同以及与用人单位往来的电子邮件、短信等。在遇到用人单位违法侵权时,可以拿出这些证据作为保障自己权益的法律武器。对于求职过程中往来沟通的信件,要有证据意识。对于企业口头承诺的酬劳待遇要落实到文件,或者将谈话的内容录音,保留好一切对于自己有利的证据,日后维权时用证据说话。

参 考 文 献

[1] 安冬，张剑桥，范倩．影响大学生就业因素及对策研究[M]．北京：中国商务出版社，2019．

[2] 高洪，衣颖，刘昭薇．大学生职业发展与就业指导[M]．北京：航空工业出版社，2020．

[3] 柯晓扬，石家驹，丁建华．大学生职业发展与就业指导[M]．苏州：苏州大学出版社，2021．

[4] 林燕清，林俊．大学生就业指导[M]．北京：北京理工大学出版社，2020．

[5] 刘益迎，李德静．大学生职业生涯规划与就业指导[M]．大连：大连海事大学出版社，2020．

[6] 吕春明．职业生涯发展与规划[M]．南京：江苏凤凰科学技术出版社，2020．

[7] 闵杰．当代大学生就业指导与职业生涯规划[M]．长春：吉林大学出版社，2020．

[8] 彭军，谭军，刘义．大学生职业生涯发展与就业创业指导[M]．北京：北京理工大学出版社，2019．

[9] 石洪发．大学生职业生涯规划[M]．北京：北京理工大学出版社，2020．

[10] 汪丽华，李靖．大学生就业指导[M]．北京：北京理工大学出版社，2020．

[11] 赵子童．当代大学生就业指导与创业教育研究[M]．长春：吉林大学出版社，2020．